In Hamburg essen gehen
Preiswert und gut

In Hamburg Preiswert & gut essen gehen

Nina Klein

Ellert & Richter Verlag

Inhalt

9 Vorwort

10 Innenstadt
12 Dos Amigos
14 Zum Spätzle
16 Feld's Salat
18 La Locanda
20 Atelier F
22 Brooklyn Burger Bar
24 O-Ren Ishii
26 Quan Do
28 Teheran
30 Bock Treffpunkt Imbiss

32 Hafen/HafenCity
34 Oberstübchen
36 Luigi's
38 A Varina
40 Ti Breizh
42 Curry Queen
44 Oberhafenkantine
46 Veddeler Fischgaststätte

48 St. Pauli
50 Slim Jims
52 Mr. Kebab
54 Kleine Pause
56 Krug
58 Maharaja
60 Deniz Imbiss
62 Man Wah

64 Befried
66 The Bird

68 Schanze
70 Kumpir König
72 Bullerei Deli
74 Erika's Eck
76 Souperia
78 Mikawa (Bok)
80 Schmitt Foxy Food
82 Hatari Pfälzer Stube
84 Azeitona
86 Marend
88 Café de zmarten Panter
90 Peacetanbul

92 Altona/Ottensen und Blankenese
94 Mehl
96 Pizza al Taglio Via Vai
98 Taverna Sotiris
100 El Iberico
102 Scotty's Ottensen
104 Mar y Sol
106 König
108 Ribatejo
110 Cuore Mio
112 Nostalgia
114 Café Katelbach
116 Restaurant FuH
118 Ponton op'n Bulln
120 Kajüte S. B. 12

122 Eppendorf, Hoheluft, Eimsbüttel
124 Die Pizzeria
126 Reizküche
128 Bistro Due
130 Magris
132 El Andaluz
134 El Chanti Deli
136 Al Volo
138 Café Ufer
140 Hopi
142 Thai Gourmet
144 Buschmann's Croque & Crêpes
146 Christos
148 Jimmy Elsass
150 Mareas
152 Corfu Grill

154 Rotherbaum (Univiertel)
156 La Monella
158 Vapiano
160 Pinakas
162 Küchenfreunde
164 Café Leonar
166 Thang Long
168 So Na Mu
170 Spießerei

172 Hohenfelde, Uhlenhorst, Winterhude
174 Sagners
176 La Serenissima
178 Uhlenhorster Weinstube
180 Alsterperle
182 Ky Lan
184 Das Bistro Winterhude

186 Register
192 Bildnachweis/Impressum

Alle Informationen in diesem Buch sind mit Sorgfalt zusammengestellt worden, jedoch ohne jegliche Gewähr. Insbesondere bei den genannten Preisen handelt es sich um Circa-Angaben. Stand: Oktober 2014.

Selbstverständlich sind Ergänzungs- und Berichtigungsvorschläge willkommen, denn unser Ziel ist es, Ihnen die besten und preiswertesten Restaurants Hamburgs zu präsentieren. Bitte schicken (mailen) Sie Anregungen und Kritik direkt an:

Ellert & Richter Verlag GmbH
Große Brunnenstraße 116–120
22763 Hamburg
Email: info@ellert-richter.de

Vorwort

Liebe Leserinnen und Leser,

die kulinarische Vielfalt der Hansestadt ist riesig. Neben exklusiven und kostspieligen Restaurants – zurzeit gibt es bei uns drei Zwei-Sterne- und sechs Ein-Stern-Restaurants – warten viele kleine versteckte Perlen darauf, von Ihnen entdeckt zu werden. Denn Hamburg bietet zahlreiche preiswerte Möglichkeiten, einen schönen Abend bei Speis und Trank zu verbringen.
Bei unseren Recherchen haben wir uns für die preisliche Obergrenze von 50 Euro für zwei Personen entschieden. Darin enthalten sind jeweils ein Hauptgericht, ein Glas Wein sowie Wasser und eine Vor- oder Nachspeise. Da in diesem Buch für jeden Geschmack etwas dabei sein soll, stoßen wir damit in dem ein oder anderen Restaurant genau an die Grenze, bei vielen anderen ist noch Spielraum nach oben. Ob Sie nun zu Besuch in unserer schönen Stadt sind, einen schnellen Imbiss ums Eck nehmen wollen oder ein romantisches Ambiente für einen Abend zu zweit suchen: Wir haben für jeden Anlass empfehlenswerte Lokalitäten gefunden, um in Hamburg gut und günstig essen zu gehen.
Wir wünschen Ihnen einen guten Appetit und viel Freude beim Ausprobieren!

Nina Klein

Innenstadt

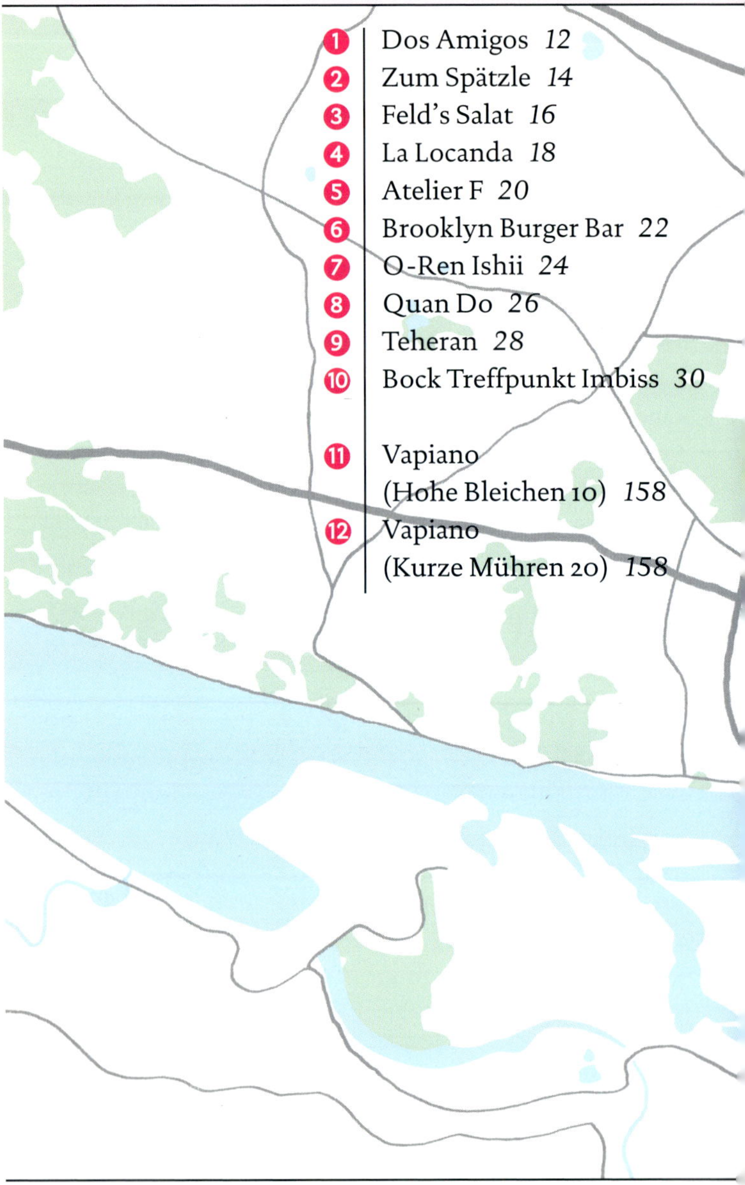

1 Dos Amigos *12*
2 Zum Spätzle *14*
3 Feld's Salat *16*
4 La Locanda *18*
5 Atelier F *20*
6 Brooklyn Burger Bar *22*
7 O-Ren Ishii *24*
8 Quan Do *26*
9 Teheran *28*
10 Bock Treffpunkt Imbiss *30*

11 Vapiano (Hohe Bleichen 10) *158*
12 Vapiano (Kurze Mühren 20) *158*

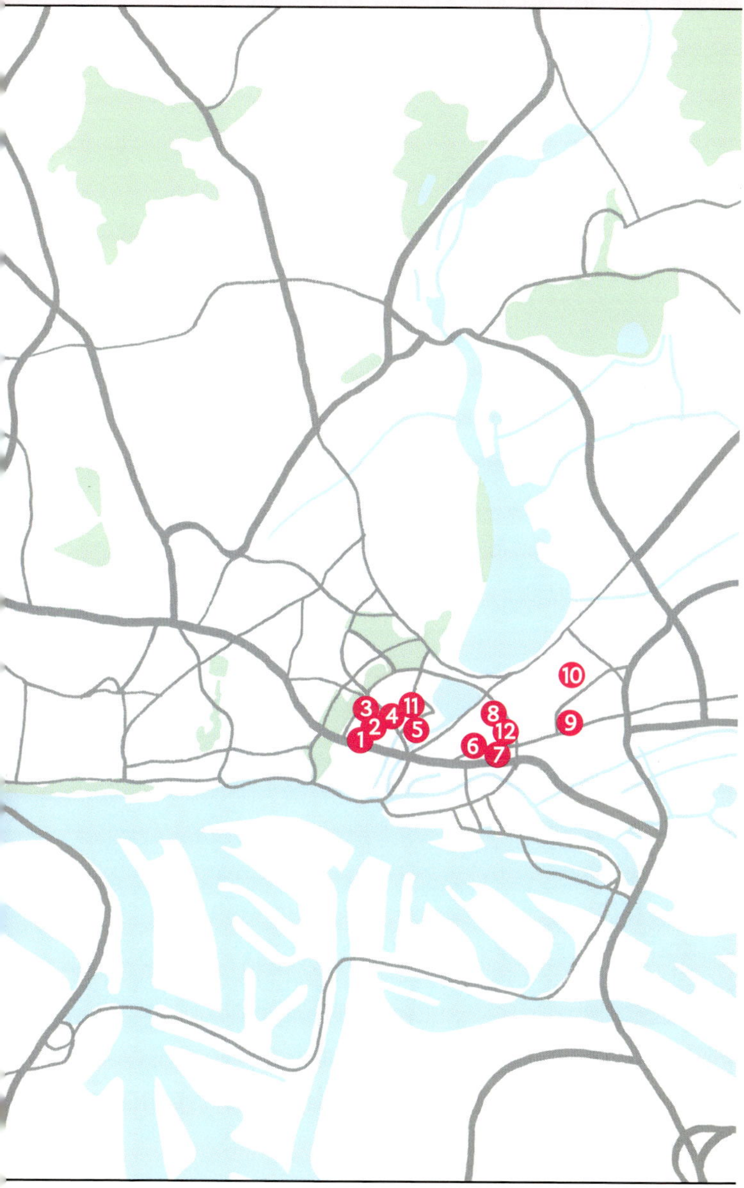

1
2
3
4
5
6
7
8
9
10
11
12

Dos Amigos

Internet	dos-amigos.info
Adresse	Großneumarkt 54 (Neustadt)
Telefon	35710972
Öffnungszeiten	Mo–Fr 11.30–15 Uhr und 17 Uhr–Open End, Sa–So 11.30 Uhr–Open End
Mittagstisch	Ja
Sitzplätze im Freien	Ja
Kreditkarten	EC
Schwerpunkt	Mexikanisch
Vorspeisen	Circa 4 bis 7 Euro
Hauptgerichte	7 bis 19 Euro

Das Dos Amigos am lebendigen Großneumarkt ist Anlaufstelle für Anwohner und Touristen. Es wird mexikanische Küche angeboten, und wie bei zahlreichen deutschen Restaurants im Ausland, die blau-weiß dekoriert sind und ausschließlich bayerische Küche anbieten, müssen auch die Mexikaner bei uns mit einem Klischee leben: Das Restaurant ist mit Sombreros und Kakteen dekoriert und es gibt rustikale Möbel. Dafür aber auch viele Tische vor dem Restaurant und ein gemütliches Flair mit einem Hauch von Urlaubsatmosphäre. Die Speisekarte bietet unter anderem Nachos mit Guacamole, mexikanische Pizza und überbackene Enchiladas. Ein kleines Highlight sind die „Sizzlers“, die

Mexikanisch

in einer Gusspfanne serviert und anschließend mit Salat, Käse und Salsa zubereitet werden (12 bis 13 Euro). Vorweg wird eine Salsa mit Tortilla-Chips aufs Haus serviert. Wenn man sich dann noch etwas Fingerfood oder einen Salat vor der Hauptspeise gönnt, verlässt man das Restaurant pappsatt, denn die Portionen sind üppig, gut gewürzt und lecker. Jeden Tag ist zwischen 17 und 18 Uhr Happy Hour, jeder Cocktail kostet dann nur 4,40 Euro. Damit kann man sich die Wartezeit verkürzen, wenn es etwas länger dauert. Es gibt ein zweites Dos Amigos in der Sillemstraße 74 (Eimsbüttel), das sind mittlerweile aber andere Besitzer, auch wenn sie eine ähnliche Karte haben.

Zum Spätzle

Internet	zumspaetzle.de
Adresse	Wexstraße 31 (Neustadt)
Telefon	35739516
Öffnungszeiten	Mo–Sa 12–22 Uhr
Mittagstisch	Ja
Sitzplätze im Freien	Nein
Kreditkarten	Nein
Schwerpunkt	Schwäbischer Imbiss
Vorspeisen	Circa 4 Euro
Hauptgerichte	8 bis 13 Euro

Den entzückenden Imbiss besuche ich wirklich gern. Er ist liebevoll eingerichtet, man sitzt auf alten Holztruhen, Baumstämmen, selbst genähten Kissen, und die Atmosphäre ist ganz reizend. Wie es der Name bereits verrät, gibt es hier hauptsächlich Spätzle – natürlich handgemacht – mit Linsen, Hackbraten oder als vegane Alternative, serviert auf hübschen Tellern aus Omas Zeiten. Auch Maultaschen (8,90 Euro) und Flädlesuppe (3,90 Euro) stehen auf der Speisekarte. Ich esse am liebsten die

Schwäbisch

Parmesanspätzle mit Parmaschinken (11,40 Euro). Die Inhaberin Elisabeth Wehrle ist selbst auf einem Bauernhof aufgewachsen und bezieht hauptsächlich regionale Lebensmittel aus biologischer und nachhaltiger Landwirtschaft. Der Käse und das Bier werden allerdings aus der Heimat „importiert“. Während der Stoßzeiten am Mittag ist das kleine Bistro bis auf den letzten Platz belegt, also lieber etwas später vorbeikommen oder für das Abendessen reservieren.

Feld's Salat

Internet	felds-salat.de
Adresse	Poolstraße 34 (Neustadt)
Telefon	30773150
Öffnungszeiten	Mo–Fr 8.30–16 Uhr
Mittagstisch	Ja
Sitzplätze im Freien	Ja
Kreditkarten	Nein
Schwerpunkt	Salate
Hauptgerichte	Ab 4,70 Euro

Nora Feld hat ihren kleinen Laden zwischen Schanze, City und Altstadt angesiedelt. Das Schnellrestaurant bietet in allererster Linie Salat an, der nach den Wünschen der Gäste zusammengestellt wird. Der günstigste Salat geht bei 4,70 Euro los (ein großer Salat liegt bei 5,90 Euro) inklusive vier Standard-Zutaten nach Wahl sowie einer der sechs Soßen. Jede weitere Zutat kostet zwischen 0,50 und 1,90 Euro extra. Mit dabei sind u. a. Haloumi, Hähnchen, Ziegenkäse oder Granatapfelkerne. Wer etwas Warmes möchte, kann sich zwischen Quiche und Backkartoffel entscheiden. Vormittags warten hier auch Kaffee und Sandwiches auf die Gäste. Mit viel Geschmack ist das Bistro eingerichtet und dekoriert, es gibt einen urigen Tresen, Tische und Barhocker und auch einige Bierbänke vor dem Laden. Wer auf der Suche nach einem Frischekick, einer Zwischenmahlzeit oder einem Mittagessen ist, is(s)t hier genau richtig.

Salate

La Locanda

Adresse	Wexstraße 29 (Neustadt)
Telefon	33441786
Öffnungszeiten	Täglich 11–24 Uhr
Mittagstisch	Ja
Sitzplätze im Freien	Ja
Kreditkarten	Nein
Schwerpunkt	Italienisch
Vorspeisen	4 bis 8 Euro
Hauptgerichte	7 bis 13 Euro

Mitten in der Neustadt befindet sich der Italiener La Locanda. Zur Mittagszeit verbringen hier die Angestellten und Geschäftsleute der umliegenden Büros und Agenturen ihre Pause, und auch abends ist das Restaurant meistens voll besetzt. Holzmöbel und rot-weiß-karierte Decken erwarten uns im Inneren, noch schöner wird es aber, wenn man an warmen Sommertagen einen der vielen Tische vor der Tür ergattern kann. Der Service ist schnell und die Gäste werden mit dem typischen Italo-Charme empfangen. Die beliebten Pizzen aus dem Steinofen (7 bis 11 Euro) sind groß mit dünnem Boden, aber auch Pasta kann hier sehr gut verspeist werden. Den Mittagstisch gibt es werktags von 12.30 bis 15 Uhr, und Pizza, Pasta sowie Salat kosten dann nur 5,50 Euro.

Italienisch

Atelier F

Internet	atelierf.eu
Adresse	Kaufmannshaus, Große Bleichen 31 (Neustadt)
Telefon	35015215
Öffnungszeiten	Mo–Sa 12–23 Uhr, So 17–23 Uhr
Küche	Bis 22 Uhr
Mittagstisch	Ja
Sitzplätze im Freien	Ja
Kreditkarten	EC- und Kreditkarten
Schwerpunkt	Französisch-amerikanisch
Vorspeisen	3 bis 5 Euro
Hauptgerichte	Circa 6 bis 20 Euro

Das Atelier F liegt direkt am Fleet mitten in der Hamburger Innenstadt. Hier gibt es überall etwas zu sehen: Ob einer der drei Salons mit Blick auf das Wasser, die Separees mit Schmetterlingstapete für das ungestörte Dinner oder der Grill-Raum mit Lederbänken und offenem Feuer – alle Räume sind liebevoll gestaltet. Das Restaurant betitelt die Küche als „French-American Kitchen“ und bestellt wird per iPad. Die Karte bietet Pasta (6 bis 9 Euro), Burger (circa 7 bis 8 Euro) und Salate zu

French-American

fairen Preisen. Das Fleisch vom Grill ist mit bis zu 19,90 Euro deutlich teurer als der Rest. Spätestens die Chipkarte, mit der am Schluss gezahlt wird, lässt den aufmerksamen Besucher erkennen, dass das Konzept vom Vapiano-Mitgründer Mark Korzilius stammt (siehe Seite 158/159). Mittags ist das Atelier F von Geschäftsleuten und Agentur-Hipstern aus der Umgebung besucht und abends trifft hier Anzugträger auf Shoppingpublikum.

Brooklyn Burger Bar

Internet	brooklynburgerbar.de
Adresse	Alter Fischmarkt 3 (Hamburg-Altstadt)
Telefon	34994866
Öffnungszeiten	Mittags: Mo–Fr 12–15 Uhr Abends: Mo–Do 18–24 Uhr, Fr–Sa 18 Uhr–Open End
Küche	Bis 22.45 Uhr
Mittagstisch	Ja
Sitzplätze im Freien	Ja
Kreditkarten	EC
Schwerpunkt	Burger
Hauptspeisen	Circa 8 bis 14 Euro

Wer meint, das Hamburger Szenepublikum treffe sich nur in den üblich-verdächtigen Stadtteilen von Altona bis Schanze, irrt sich, denn in der City befindet sich ebenfalls ein „Place to be“. Die Brooklyn Burger Bar liegt kurz hinter der Hauptkirche St. Petri und wird von den ehemaligen Besitzern der Streits Lounge betrieben. Die Menükarte konzentriert sich auf das Wesentliche, es gibt keine Vorspeisen und auch nur ein kleines Dessert, dafür werden verschiedene Burger-Variationen mit Bio-Hack angeboten sowie Salat, Steak und Side Orders. Für Letztere sind die Süßkartoffel-Pommes als Beilage sehr zu empfehlen, bei den Burgern ist das schwer zu sagen.

Burger

Ich mag den „Chimichurri“ mit Manchego-Käse und Radicchio genauso gern wie den „Backyard-BBQ“ mit Bacon, Greyerzer-Käse, Gewürzgurke und Barbecue-Soße. Alle Burger können auch ohne Brot oder als vegetarische Alternative bestellt werden. Und für alle, die richtig durstig sind, werden jede Menge Cocktails an der Bar gemixt. Aber ob mittags oder abends – die Brooklyn Burger Bar ist meistens voll besetzt. Reservieren ist notwendig, dabei gibt es allerdings zwei Einschränkungen: Mittags wird gar nicht reserviert und abends in zwei Schritten: 18 bis 20 Uhr oder 20 Uhr bis Open End.

O-Ren Ishii

Adresse	Kleine Reichenstraße 18 (Hamburg-Altstadt)
Telefon	34838749
Öffnungszeiten	Mo–Fr 11–18 Uhr
Mittagstisch	Ja
Sitzplätze im Freien	Ja
Kreditkarten	Nein
Schwerpunkt	Vietnamesisch
Vorspeisen	Circa 3 bis 4 Euro
Hauptspeisen	Circa 6 bis 9 Euro

Um den vietnamesischen Imbiss besuchen zu können, muss man schon in der Nähe arbeiten oder Urlaub haben, denn leider hat er nur wochentags und dann lediglich bis 18 Uhr geöffnet. Aber wer die Chance hat, sollte diese unbedingt nutzen. Die Wochenkarte steht an einer Tafel, zusätzlich gibt es eine kleine feste Speisekarte. Der frischen und raffinierten Zubereitung schmeckt man an, dass hier kein Glutamat & Co. verwendet wird. Das Seitan-Curry mit Kartoffelchips und Reisnudeln ist genauso ein Gedicht wie der Klassiker Hähnchen in Kokosnuss-Erdnuss-Soße (circa 8,90 Euro) oder der Glasnudelsalat. Da das seit Jahren bekannt ist, bildet sich mittags gern eine Schlange vor dem kleinen Laden und die Gäste warten geduldig auf ihr Essen, denn hier weiß jeder, dass es sich lohnt. Der Service lässt sich davon nicht stressen und bleibt freundlich. Tipp: den vietnamesischen Kaffee, ähnlich wie ein Espresso, probieren. Einige Plätze gibt es drinnen sowie im Freien.

Vietnamesisch

Quan Do

Internet	quan-do.com
Adresse	Georgsplatz 16/ Ecke Rosenstraße 3 (Neustadt)
Telefon	32901737 (keine Reservierungen möglich)
Öffnungszeiten	Mo–Do 11.30–21 Uhr, Fr 11.30–21.30 Uhr, Sa 12–21.30 Uhr, So und feiertags 12–21 Uhr
Mittagstisch	Ja
Sitzplätze im Freien	Nein
Kreditkarten	Nein
Schwerpunkt	Vietnamesische Street Kitchen
Vorspeisen	3 bis 5 Euro
Hauptspeisen	Circa 6 bis 8 Euro

Das Restaurant ist zwar nichts für lange Abende, aber für mich einer der besten Plätze, wenn ich mich hungrig in der City aufhalte – ob nach einem Shoppingbummel, einem Kunsthallenbesuch oder vor einem Theaterabend. Die Karte ist klein, aber alles darauf absolut empfehlenswert. Mein Favorit ist das traditionelle Gericht „Bun", bestehend aus Reismehlnudeln, Eisbergsalat, Karotten sowie einem Topping nach Wahl, zum Beispiel

Vietnamesisch

gegrilltem Sesam-Schweinefleisch oder Zitronengras-Tofu (6,90 Euro). Und alle, die bisher nur die fertigen Frühlingsrollen aus dem Supermarkt kennen, sollten hier eine frische vietnamesische bestellen (2 für 4,50 Euro) – köstlich! Der Service ist schnell, die Tische werden meistens mit den Nachbarn geteilt und es kann nicht reserviert werden.

Teheran

Internet	restaurant-teheran.de
Adresse	Adenauerallee 70 (St. Georg)
Telefon	28008992
Öffnungszeiten	Täglich 12–23 Uhr
Mittagstisch	Ja
Sitzplätze im Freien	Ja
Kreditkarten	EC
Schwerpunkt	Persisch
Vorspeisen	3 bis 5 Euro
Hauptspeisen	8 bis 16 Euro

Das kleine, weiße Haus hinter dem ZOB serviert Sereschk Polo, Tschelo Kabab Kubideh und Salad-e Schirasi. Noch nie probiert? Dann wird es Zeit. Ich bin seit Langem großer Fan der persischen Küche. Sie besteht größtenteils aus gegrillten Fleischspezialitäten wie Lamm- oder Hühnchenspieße sowie viel Basmatireis, der meistens mit Safran angemacht ist. Die Hauptspeisen liegen in der Regel zwischen 9 und 11 Euro. Angeboten werden auch ein paar vegetarische Gerichte, besonders die Vorspeisen, wie das gegrillte Auberginenmus, sind sehr köstlich. Vorweg gibt es einen Appetizer nach iranischer Art: persisches Brot, in das frische Kräuter, Zwiebeln, Schafskäse und Radieschen eingerollt sind. Ob für größere Gruppen oder einen Abend zu zweit – man findet ausreichend Platz in dem Restaurant und im Sommer kann auch im Garten gegessen werden.

Persisch

Bock Treffpunkt Imbiss

Internet	treffpunkt-imbiss.de
Adresse	Schmilinskystraße 86 (St. Georg)
Telefon	39879841
Öffnungszeiten	Mo–Fr 10–21 Uhr, Sa–So 12–21 Uhr
Mittagstisch	Ja
Sitzplätze im Freien	Ja
Kreditkarten	Nein
Schwerpunkt	Hausmannskost
Vorspeisen	Ab 2 Euro
Hauptspeisen	Circa 2,50 bis 9 Euro

Unweit der Langen Reihe, wo sich ein gastronomisches Angebot an das andere reiht, befindet sich der Bock Treffpunkt Imbiss. Die unterhaltsamen Inhaber Frank und André halten gern einen Schnack mit ihren Gästen, während sie am Herd unkonventionelle Hausmannskost zubereiten. Diese schmeckt sehr gut und überzeugt viele Gäste. Die Portionen sind riesig und das zu einem kleinen Preis. Schnitzel gibt es ab 4,50 Euro, Hamburger Labskaus für 8 Euro und die Folienkartoffel kostet

Hausmannskost

4 Euro. Der täglich wechselnde Mittagstisch liegt inklusive Nachtisch bei 6,20 Euro. Alle Infos und Preise sind auf der Website zu finden. Der Imbiss ist schlicht eingerichtet und doch wirkt alles irgendwie liebevoll. Da hier jede Menge Essen frittiert wird, ist es manchmal angenehmer, draußen zu sitzen, um nicht den ganzen Tag den Imbissgeruch mit sich zu tragen. Besonders schön: Es wird ein Lieferservice in die Umgebung ab 3 Euro pro Bestellung angeboten.

Hafen/HafenCity

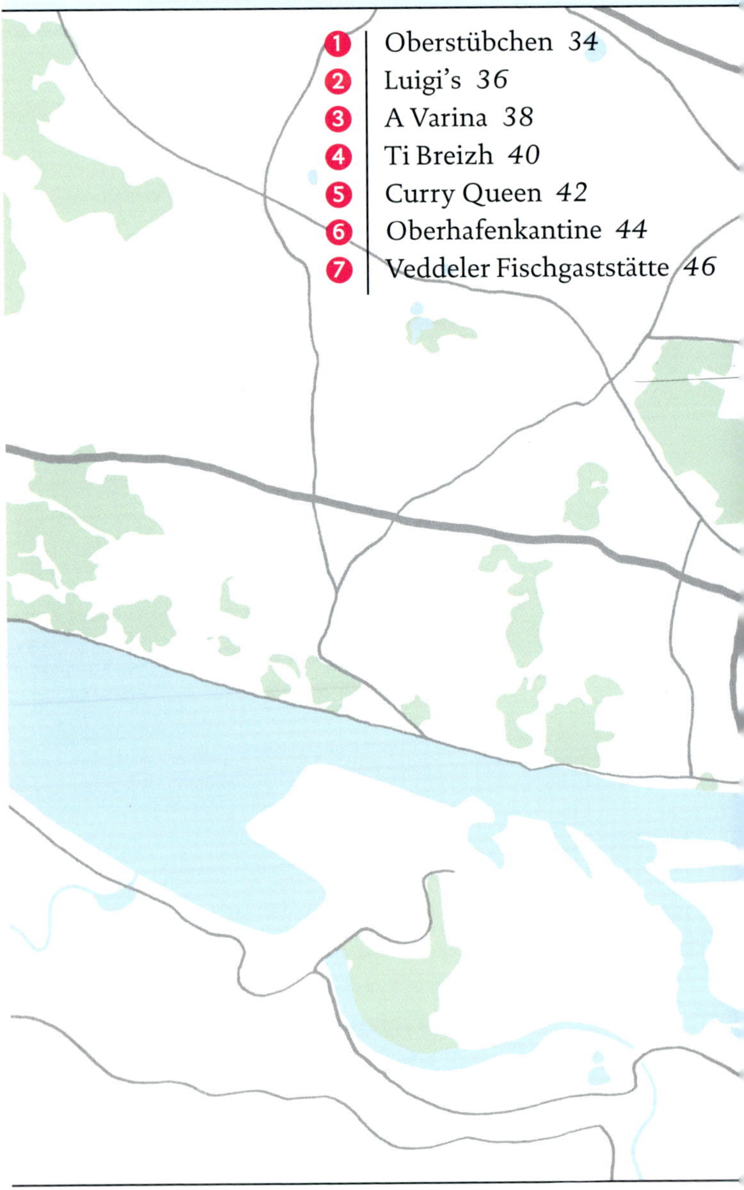

1. Oberstübchen *34*
2. Luigi's *36*
3. A Varina *38*
4. Ti Breizh *40*
5. Curry Queen *42*
6. Oberhafenkantine *44*
7. Veddeler Fischgaststätte *46*

1
2
3
4
5
6
7

Oberstübchen

Adresse	St. Pauli Fischmarkt 27 (Altona-Altstadt)
Telefon	0151 12200488
Öffnungszeiten	Di–Fr 17-1 Uhr, Sa 12–1 Uhr, So 12–22 Uhr
Mittagstisch	Am Wochenende
Sitzplätze im Freien	Ja
Kreditkarten	Nein
Schwerpunkt	Hausmannskost
Vorspeisen	Circa 6 bis 8 Euro
Hauptspeisen	Circa 10 bis 15 Euro

Direkt über Hamburgs legendärem Golden Pudel Club befindet sich das Oberstübchen mit Wohnzimmeratmosphäre. Am Wochenende spürt man hier die Bässe von unten in den Zehenspitzen, aber mit Blick auf den Hafen und dem Duft der regionalen Speisen in der Nase macht es das Restaurant nur noch charmanter. Im Sommer, wenn sich die Gäste draußen an den Tischen auf der Terrasse und auf der Steinmauer tummeln, erlebt man hier ein besonders schönes Hamburg-Gefühl. Das Essen wird in der kleinen offenen Küche zubereitet, und da es nicht viel Platz gibt, ist täglich immer nur eine

überschaubare Menge an Mahlzeiten im Angebot. Wer noch die komplette Auswahl haben möchte, sollte nicht allzu spät kommen. Ob Schweinebraten mit Wirsing, Merguez auf Linsen oder Coq au Vin – die Speisen sind deftig-köstlich. Es stehen auch immer zwei vegetarische Gerichte zur Auswahl. Der Kaffeeklatsch am Nachmittag wird von Torten und Kuchen begleitet. Das Publikum ist dem Viertel entsprechend: Paulianer treffen auf Touris. Ansichtssache sind die Unisex-Toiletten, aber das gehört nun mal auch zu St. Pauli.

Luigi's

Internet	luigis-restaurants.de
Adresse	Ditmar-Koel-Straße 21 (Neustadt)
Telefon	41281718
Öffnungszeiten	Täglich 11.30 bis 24 Uhr
Mittagstisch	Ja
Sitzplätze im Freien	Ja
Kreditkarten	EC
Schwerpunkt	Pizza & Pasta
Vorspeisen	Circa 4 bis 8 Euro
Hauptspeisen	7 bis 13 Euro

Über das Luigi's behaupten viele Hamburger, dass es hier die beste Pizza der Stadt gäbe. Mitten im Portugiesenviertel tummelt sich das kleine Restaurant neben vielen anderen portugiesischen und mediterranen Läden. Rote Wände und gemalte Bilder machen das Ambiente gemütlich, aber das Restaurant ist eng bestuhlt und meistens bis auf den letzten Platz gefüllt. Dadurch ist die Stimmung gut und gern etwas lauter. Besonders schön ist es im Freien, auf der belebten

Pizza & Pasta

Ditmar-Koel-Straße. Im Steinofen werden riesige Pizzen produziert und davon die unterschiedlichsten Variationen. Es gibt aber weder Fisch noch Fleisch: Die Speisekarte bietet nur Pizza und Pasta sowie Vorspeisen an. Pizza Margherita geht bei 7 Euro los, der Mittagstisch von 11.30 bis 15 Uhr kostet 4 bis 7 Euro, alles auch zum Mitnehmen. Und zum Abschluss des Abends gibt es natürlich einen Grappa aufs Haus.

A Varina

Internet	avarina.de
Adresse	Karpfangerstraße 16 (Neustadt)
Telefon	372662
Öffnungszeiten	Di–So 12–23 Uhr
Mittagstisch	Ja
Sitzplätze im Freien	Nein
Kreditkarten	EC
Schwerpunkt	Portugiesisch
Vorspeisen	Circa 4 bis 11 Euro
Hauptspeisen	10 bis 15 Euro

Das Portugiesenviertel am Hafen ist zwar nicht besonders groß, dafür reihen sich Tür an Tür diverse Restaurants und der Duft von Fischspezialitäten liegt in der Luft. Besonders beliebt ist das Viertel bei Touristen, die sich nach einer Hafenrundfahrt oder einem Besuch in der HafenCity hier ein Plätzchen für die kulinarischen Genüsse suchen. Etwas abseits des Trubels in einer ruhigeren Seitenstraße liegt das dennoch gut besuchte A Varina. Eine Reservierung ist besonders am Wochenende notwendig. Zur Begrüßung gibt es immer kleine Vorspeisen aufs Haus, wie etwa Aioli und Kichererbsen-

Portugiesisch

Thunfisch-Salat. Die Speisekarte bietet hauptsächlich Fleisch- und Fischgerichte an, die Tagesgerichte werden von dem Kellner persönlich vorgetragen. Ob Huhn im Tontopf, Schweinefilet mit Muscheln oder die gegrillte Fischplatte: Die Portionen sind üppig, und wer sich zusätzlich noch eine Vorspeise bestellt, sollte mit großem Hunger gekommen sein. Vegetarier werden hier allerdings nicht besonders glücklich. Zum Abschluss werden einige Schnapsflaschen auf den Tisch gestellt und es heißt: Selbstbedienung.

Ti Breizh

Internet	tibreizh.de
Adresse	Deichstraße 39 (Hamburg-Altstadt)
Telefon	37517815
Öffnungszeiten	Täglich 12 bis circa 24 Uhr
Küche	Bis 22 Uhr
Mittagstisch	Ja
Sitzplätze im Freien	Ja
Kreditkarten	EC
Schwerpunkt	Crêpes & Galettes
Vorspeisen	Circa 4 bis 6 Euro
Hauptspeisen	Circa 4 bis 9 Euro

Die beliebte Crêperie zwischen Hafen, City und Altstadt befindet sich in der historischen Deichstraße mit Blick auf das Nikolaifleet. Auf zwei Ebenen werden bretonische Crêpes (süß) beziehungsweise Galettes aus 100 Prozent Buchweizen serviert. Es gibt über 30 herzhafte Variationen und natürlich auch süße zum Dessert. Ob eine Galette mit Käse, Chicorée, Roquefortsoße und Walnüssen oder mit Weißweinkartoffeln, luftgetrocknetem Schinken und Raclette-Käse – die Auswahl ist groß und köstlich. Die Galettes haben im Übrigen nichts mit den typischen Crêpes vom Weihnachtsmarkt oder

Crêpes & Galettes

Stadtteilfest zu tun. Das Tagesgericht inklusive Dessert und Espresso oder Cidre kostet um die 7 Euro. Besonders schön ist die Sommerterrasse auf einem schwimmenden Ponton auf dem Fleet. Hier kann leider nicht reserviert werden, dafür aber im Restaurant mit Blick nach draußen. Das französische Flair und Ambiente zusammen mit der Lage und dem hervorragenden Essen lassen ein wenig Urlaubsstimmung aufkommen. Zu dem Restaurant gehört eine angeschlossene kleine Boutique, die Waren aus der Bretagne anbietet.

Curry Queen

Internet	curryqueen.eu
Adresse	Zippelhaus 2 (Hamburg-Altstadt)
Telefon	76757626
Öffnungszeiten	Mo–Fr 11–19 Uhr
Mittagstisch	Ja
Sitzplätze im Freien	Nein
Kreditkarten	Nein
Schwerpunkt	Currywurst
Hauptspeisen	Circa 4 bis 8 Euro

Ob die Currywurst nun aus Hamburg oder Berlin stammt, ist völlig egal, denn bei uns gibt es einen hervorragenden Laden, um diese zu genießen. Die Curry Queen bietet neben der klassischen Kalbswurst auch eine Deluxe-Variante vom frei laufenden Wagyu-Rind oder eine Tofuwurst an. Das Currypulver sorgt ja bekanntlich für den unvergleichlichen Geschmack und somit gibt es auch von diesem acht verschiedene Sorten: von dem milden „Purple“ über das vanillig-frische „Mumbai“ bis hin zum schärfsten Chili der Welt, dem „King Chili Killer“. Das Menü mit Currywurst, Pommes und Getränk kostet 7,90 Euro, möchte man jedoch lieber die Deluxe-Wurst probieren, zahlt man doppelt so viel. Das Ambiente ist nicht das eines klassischen Imbisses, sondern eher die Edel-Variante mit ausreichend Platz und geschmackvoller Einrichtung.

Currywurst

Oberhafenkantine

Internet	oberhafenkantine-hamburg.de
Adresse	Stockmeyerstraße 39 (HafenCity)
Telefon	32809984
Öffnungszeiten	Mo–Sa 12–22 Uhr, So 12–20 Uhr
Mittagstisch	Ja
Sitzplätze im Freien	Ja
Kreditkarten	Nein
Schwerpunkt	Hausmannskost
Vorspeisen	Circa 8 bis 9 Euro
Hauptspeisen	8 bis 13 Euro

Der windschiefe Imbiss am Hafen hat Kultstatus. Seit 1925 steht das kleine Häuschen an seinem Platz. Ob Geschäftsleute, Touristen oder Alteingesessene – das Publikum ist bunt gemischt. Früher hat hier mal die Mutter von Tim Mälzer gekocht, mittlerweile wird die Oberhafenkantine von Thorsten Gillert und Sebastian Libbert betrieben. Es gibt regionale Küche und gute Hausmannskost, wie etwa Hamburger Weißwürste aus Fleisch und Fisch (8,50 Euro), Frikadellen (7,50 Euro),

Hausmannskost

aber auch vegetarische Gerichte, zum Beispiel Spaghetti mit Kräuterseitling (11,50 Euro), sowie Kuchen am Nachmittag. Und das ganz nach dem Motto: „Ein gutes Essen kann nur aus guten Zutaten gekocht werden.“ Die übersichtliche Speisekarte findet man auf der Website. Es bestehen einige Sitzmöglichkeiten vor dem Restaurant, innen ist es aber relativ eng und klein, weswegen es besser ist, vorab zu reservieren.

Veddeler Fischgaststätte

Internet	veddeler-fischgaststaette.de
Adresse	Tunnelstraße 70 (Veddel)
Telefon	786389
Öffnungszeiten	Mo–Fr 11–17.45 Uhr
Mittagstisch	Ja
Sitzplätze im Freien	Ja
Kreditkarten	Nein
Schwerpunkt	Fisch
Hauptspeisen	9 bis 12 Euro

Hier muss man einmal gewesen sein! Seit mehr als achtzig Jahren gibt es diese Kult-Gaststätte auf der Elbinsel. Und seit den 1950er-Jahren ist die Innenausstattung unverändert. Das Speisenangebot ist überschaubar. Doch weil die Qualität und Quantität des angebotenen Seegetiers und der Beilagen überzeugt, ist die Veddeler Fischgaststätte bei den Gästen so beliebt. Hier wird noch traditionell auf einem Bratofen von 1947 gebacken und gekocht. Viele finden, hier gibt es den besten Fisch der Stadt. Im Sommer lädt eine kleine Terrasse zum Draußensitzen ein. Allerdings hält die Freundlichkeit des Personals nicht immer der Qualität der angebotenen Speisen stand.

Fisch

St. Pauli

1 Slim Jims *50*
2 Mr. Kebab *52*
3 Kleine Pause *54*
4 Krug *56*
5 Maharaja *58*
6 Deniz Imbiss *60*
7 Man Wah *62*
8 Befried *64*
9 The Bird *66*

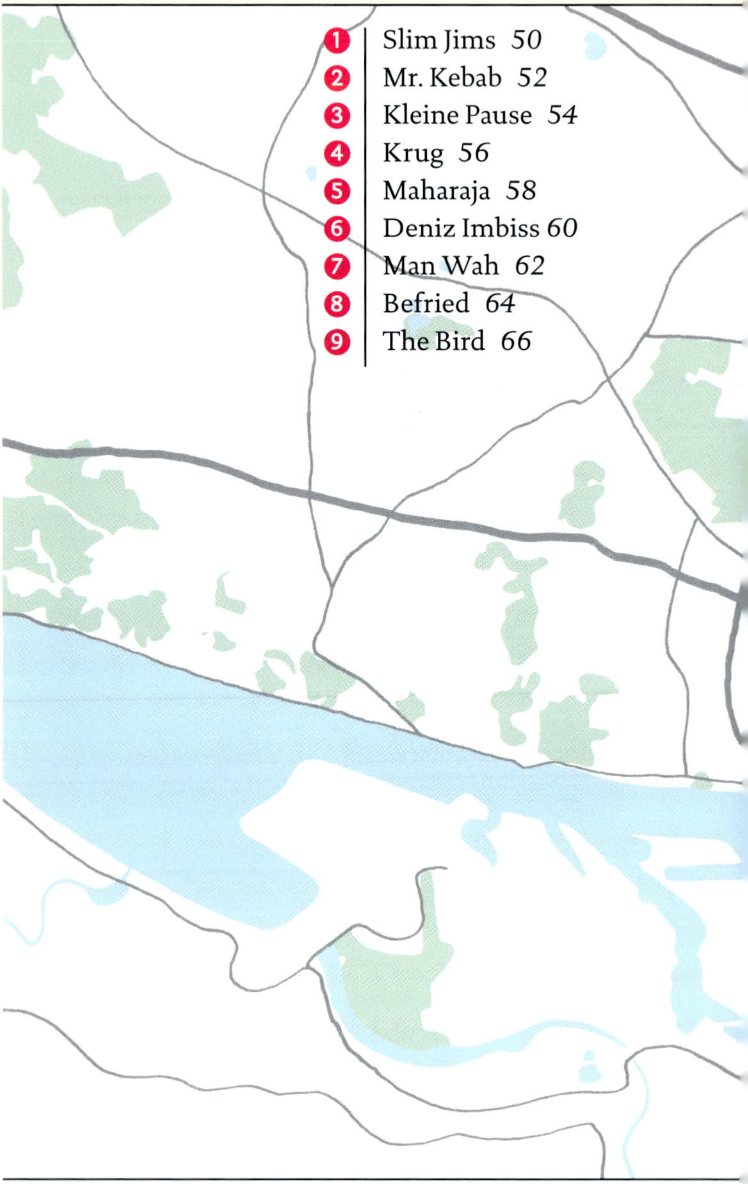

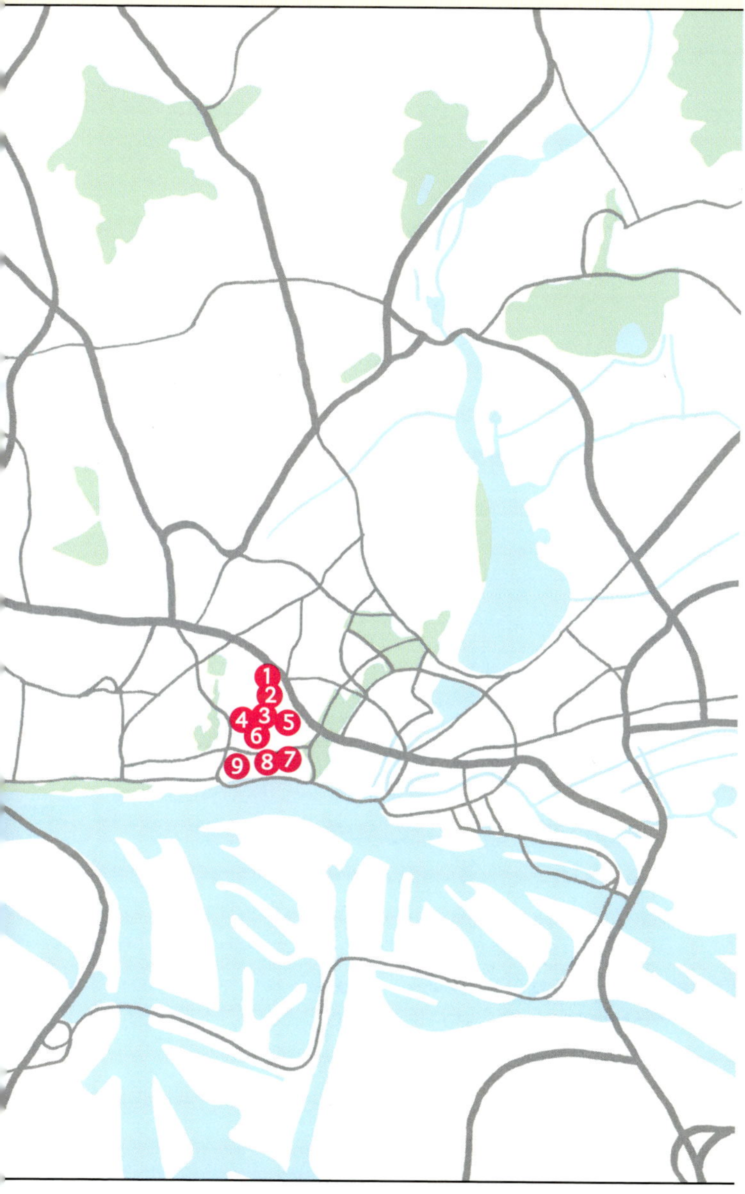
1
2
3
4
5
6
7
8
9

Slim Jims

Internet	slim-jims.com
Adresse	Bei der Schilleroper 1–3
Öffnungszeiten	Mo–Fr 12–22 Uhr, Sa–So 13–22 Uhr
Mittagstisch	Ja
Sitzplätze im Freien	Ja
Kreditkarten	Nein
Schwerpunkt	Pizza
Hauptspeisen	Circa 10 Euro

„Einmal Pizza für Nina mit pikanter Salami, Artischocken, Oliven und Rucola …" Ja, das ist für mich. Hamburgs Szene trifft sich zum Pizzaessen bei Slim Jims am Neuen Pferdemarkt. Wenn es warm ist, wird lieber draußen als drinnen gespeist, einige Plätze auf Holzbänken gibt es aber auch in dem Laden. Bei Slim Jims geht es total relaxt zu, es herrscht eine typische St. Pauli-Atmosphäre. Am Tresen wird bestellt – entweder ein Klassiker von der Tafel an der Wand oder der Grundbelag mit Zutaten nach Wunsch, der Name wird hinterlegt und sobald das Essen fertig ist, wird man ausgerufen. Wenn es sehr voll ist, kann die Wartezeit manchmal bis zu 45 Minuten betragen. Das Preis-Leistungs-Verhältnis ist gut, die Pizzen sind groß und warten mit einem dünnen Boden und viel Belag auf.

Pizza

Mr. Kebab

Adresse	Beim Grünen Jäger 1
Telefon	84505170
Öffnungszeiten	Täglich ab 11.30 Uhr bis spät abends
Mittagstisch	Ja
Sitzplätze im Freien	Ja
Kreditkarten	Nein
Schwerpunkt	Türkische Küche mit Döner
Vorspeisen	4 bis 5 Euro
Hauptspeisen	5 bis 10 Euro

Mr. Kebab ist eine Mischung aus Imbiss und Restaurant und beehrt die Gäste mit türkischen (Fleisch-)Spezialitäten – inklusive Döner Kebab – in großen und preiswerten Portionen. Wer einen der beliebten Plätze an den Holztischen ergattern möchte, sollte besser vorher anrufen, denn hier trifft sich Hamburgs Szene. Das Ambiente ist angenehm und die dichte Bestuhlung macht es kuschelig und laut. Von mittags bis spät abends gibt es Kaffee, Tee und natürlich Fleisch & Co. Der große

Türkische Küche mit Döner

Vorspeisenteller ist nicht nur lecker, sondern auch für Vegetarier geeignet. Besonders schön sind die wenigen Plätze in der sonnigen Ecke Thadenstraße/Wohlwillstraße. Wer etwas gehobeneres Essen und mehr Platz möchte, besonders draußen, der sollte bei dem großen Bruder Peacetanbul (Seite 90/91) vorbeischauen. Ich ziehe diesen für längere Abende vor, bin aber für ein schnelles und unkompliziertes Essen gern bei Mr. Kebab.

Kleine Pause

Internet	kleine-pause.de
Adresse	Wohlwillstraße 37
Telefon	4301403
Öffnungszeiten	Mo–Do 7–3 Uhr, Fr 7–5 Uhr, Sa 9–5 Uhr, So 9–2 Uhr
Mittagstisch	Ja
Sitzplätze im Freien	Ja
Kreditkarten	Nein
Schwerpunkt	Fast Food
Alle Speisen	2 bis 6 Euro

Zwischen Schanzenviertel und Kiez gelegen, ist die Kleine Pause eine Institution unter Hamburgs Imbissen. Von morgens bis spät nachts ist es hier meistens voll bis sehr voll und das junge Publikum lechzt nach Fast Food. Ob ein herzhaftes Frühstück, mittags eine Currywurst oder für die Nachtschwärmer einen doppelten Cheeseburger – für 2 bis 6 Euro wird man hier zu jeder Tages- und Nachtzeit für wenig Geld pappsatt und glücklich. Die Auswahl ist groß, auch für Vegetarier ist etwas dabei. Die Damen hinter der Theke sind schnell und es ist laut, aber es gibt auch Plätze vor der Tür, wo es etwas entspannter zugeht und Heizstrahler die Gäste wärmen. Wenn gerade kein Fußballspiel läuft, werden an den TV-Geräten Musikvideos gezeigt. Die kleine Bar in dem Imbiss bietet für alle Durstigen neben den üblichen Getränken den berüchtigten Caipirinha an (freitags für 2,22 Euro das Glas), weshalb hier manche Gäste den ganzen Abend verbringen.

Fast Food

Krug

Adresse	Paul-Roosen-Straße 35
Telefon	0151 14075934
Öffnungszeiten	Mo–Sa ab 18 Uhr
Mittagstisch	Nein
Sitzplätze im Freien	Nein
Kreditkarten	Nein
Schwerpunkt	Hausmannskost und die Weinkarte
Vorspeisen	Circa 5 bis 8 Euro
Hauptspeisen	Circa 8 bis 15 Euro

Wenn man durch den mit Efeuranken geschmückten Eingang tritt, ist man gleich von der typischen Paulianer-Atmosphäre fasziniert. Es herrscht Wohnzimmer-Feeling, der Duft von guter Küche liegt in der Luft und die kleinen Holztische sind alle voll besetzt. Hier geht es gern auch mal etwas lauter zu, das liegt nicht nur an der überschaubaren Größe des Restaurants, sondern wohl auch an der ausgezeichneten Weinauswahl. Das Essen wechselt regelmäßig und steht handgeschrieben auf einer Tafel an der Wand. Fest mit dabei sind Gerichte

Hausmannskost

wie das Abendbrot (8,50 Euro) oder der Wurstsalat (4,50/8,50 Euro). Die fünf bis sechs Hauptgerichte (Fisch, Fleisch, Pasta) liegen mit 12 und 15 Euro preislich etwas höher, aber das sind wir gern bereit dafür zu zahlen. Tische werden manchmal mit anderen Gästen geteilt und es kann nur bis 19.30 Uhr reserviert werden, danach einfach auf gut Glück vorbeischauen und bei Wartezeit einen Drink an der Bar genießen. Guter Wein und gutes Essen machen glücklich, und das spürt man hier.

Maharaja

Internet	maharaja-hamburg.de
Adresse	Detlev-Bremer-Straße 25
Telefon	30093466
Öffnungszeiten	Mo–Fr 12–24 Uhr
Mittagstisch	Ja
Sitzplätze im Freien	Ja
Kreditkarten	EC
Schwerpunkt	Indisch-ayurvedische Küche
Vorspeisen	Circa 5 bis 7 Euro
Hauptspeisen	Circa 11 bis 16 Euro

In einer kleinen Seitenstraße der Reeperbahn liegt das Maharaja und bietet indisch-ayurvedische Küche an. Die Gerichte sollen eine heilende Wirkung haben. Im Restaurant erwartet die Gäste eine bunte indische Oase, die mit Liebe eingerichtet wurde. Etwas abgetrennt gibt es ein weiteres Räumchen mit großem Fenster zur Straße, einer Couch und einem Tisch, wo ebenfalls gespeist werden kann. Um den Kellner zu rufen, muss mit der Glocke geklingelt werden. Besonders schön für ungestörte Abende: Im Restaurant hat man viel Platz zwischen sich und seinen Tischnachbarn. Auch vor dem

Indisch-ayurvedisch

Restaurant kann gesessen werden. Die Qual der Wahl hat man bei einem Blick auf die Speisekarte, denn die ist ziemlich umfangreich. Es gibt viel Huhn und Lamm (zwischen 12 und 13 Euro) mit Früchten, Nüssen und Reis und eine noch größere Auswahl an vegetarischen Gerichten. Der Schärfegrad kann nach Wunsch bestimmt werden. Mittags kosten die Gerichte 6,50 Euro. Die Speisekarte gibt es zum Einsehen auf der Website. Das Maharaja ist sehr beliebt, am Wochenende sollte unbedingt reserviert werden.

Deniz Imbiss

Adresse	Talstraße 27
Telefon	3174950
Öffnungszeiten	So–Do circa 12–23.30 Uhr, am Wochenende bis circa 4 Uh oder später
Mittagstisch	Ja
Sitzplätze im Freien	Ja
Kreditkarten	Nein
Schwerpunkt	Pide
Hauptspeisen	Circa 3 bis 7 Euro

Nach einer langen Nacht auf dem Kiez ist der kleine Imbiss in der Talstraße genau das Richtige. Hier suchen Nachtschwärmer keinen Döner, auch wenn es diesen gibt, sondern es wird gemunkelt, dass Deniz der beste Pide-Mann der Stadt sei. Ich kann dem nicht widersprechen! Pide sind Teigschiffchen mit verschiedenen Belägen wie Hack, Spinat oder Schafskäse. Je nach Geschmack kann man die Pide noch mit einem Ei überbacken haben. Alles wird vor den Augen der Kunden von zwei freundlichen, aber ruhigen Herren frisch zu-

Pide

bereitet. Serviert wird das Essen mit einer Salatbeilage und das mit circa 3,50 Euro für einen unschlagbaren Preis. Der Laden ist relativ klein und lediglich mit Stehtischen ausgestattet. Neben Pide und Döner gibt es auch ein bis zwei kleine Tagesgerichte, wie etwa gefüllte Aubergine. Der Imbiss hat bereits ab mittags geöffnet, besonders gefüllt ist er aber meistens erst zur Nachtzeit, denn hier ist am Wochenende bis in die frühen Morgenstunden Betrieb.

Man Wah

Adresse	Spielbudenplatz 18
Telefon	3192511
Öffnungszeiten	Täglich 12–3 Uhr
Mittagstisch	Ja
Sitzplätze im Freien	Nein
Kreditkarten	Ja
Schwerpunkt	Chinesisch
Vorspeisen	3,50 bis 4,50 Euro
Hauptspeisen	Circa 8 bis 20 Euro

Das Man Wah gehört mit Sicherheit nicht zu den günstigsten Läden dieses Restaurantführers, aber die Speisekarte ist gleichermaßen breit gefächert, wie es die Preise sind. Und da es jede Menge Gerichte gibt, die in das Budget passen, muss es alleine schon wegen der exotischen Speisen genauso wie der Location mit dabei sein. Mitten auf der Reeperbahn, neben dem legendären Docks-Club, befindet sich seit Jahren das chinesische Restaurant. Bis drei Uhr nachts wird das bunt gemischte Publikum – von Jung bis Alt, Pärchen bis Promi – in einer angenehmen Atmosphäre bedient. Hier gibt es neben Froschschenkeln und Hühnerfüßen die beliebten

Chinesisch

Dim Sums (ab 3 Euro) auf der Speisekarte. Die frittierten oder gekochten Teigtaschen sind zum Beispiel mit Gemüse, Schwein oder Garnelen gefüllt. Aber die Speisekarte liest sich fast wie ein Buch und die Auswahl ist groß: Suppen, Reis- und Nudelgerichte, viel Fleisch und Fisch. Es gibt auch einige vegetarische Gerichte, aber hier geht man eigentlich aus anderen Gründen hin. Die Portionen sind authentisch und groß, und zur besseren Verdauung eignet sich nach dem Essen einer der chinesischen Schnäpse ganz hervorragend. Auf jeden Fall reservieren oder zur späteren Stunde vorbeischauen.

Befried

Internet	www.bevegend.de
Adresse	Friedrichstraße 3–5
Telefon	18295196
Öffnungszeiten	Di–Do 12–22 Uhr, Fr 17–1 Uhr Sa 12–1 Uhr, So 12–22 Uhr
Mittagstisch	Ja
Sitzplätze im Freien	Nein
Kreditkarten	Nein
Schwerpunkt	Veganer Imbiss
Hauptspeisen	Circa 3 bis 7 Euro

Der kleine Imbiss Befried ist einzigartig auf St. Pauli. Nicht nur seine Lage zwischen Davidstraße und dem Hans-Albers-Platz macht ihn sehenswert, sondern hier werden zum einen, wie der Name verrät, alle angebotenen Speisen frittiert, und zum anderen sind diese komplett vegan. Ohne tierische Produkte kommen Burger (4,90 Euro), Döner (4,50 Euro) und Jägerschnitzel (7 Euro) auf den Tisch. Auch der Nachtisch bleibt von der Zubereitungsart nicht ausgenommen, und zum

Dessert können frittierte Schokoriegel oder Marshmallows (2,50 Euro) bestellt werden. Der Mittagstisch bietet ein wechselndes Tagesgericht für 5 Euro an. Der Imbiss wirkt von außen kleiner, als er tatsächlich ist: Im Inneren haben an die 30 Personen Platz. Aber aufgrund der Nähe zum Hafen sollte das Essen bei gutem Wetter mitgenommen werden, denn ein paar Meter weiter gibt es schöne öffentliche Sitzmöglichkeiten im Freien mit Blick auf das Wasser.

The Bird

Internet	thebirdinhamburg.com
Adresse	Trommelstraße 4
Telefon	75662333
Öffnungszeiten	Mo–Do 18–23 Uhr, Fr 17–24 Uhr Sa 16–24 Uhr, So 16–23 Uhr
Mittagstisch	Nein
Sitzplätze im Freien	Ja
Kreditkarten	Nein
Schwerpunkt	Burger & Steak
Vorspeisen	5 bis 7 Euro
Hauptspeisen	10 bis 20 Euro

Das Restaurant befindet sich in einer ruhigen Parallelstraße zur Reeperbahn und hier wollen alle nur eins: Burger essen. Diese tragen Namen wie „The Dr. Zian" (mit Bacon und Blauschimmelkäse) oder „The Fat Stingy Gonzales" (mit Guacamole und Salsa Verde). Eine Besonderheit ist der „English Muffin" als Brötchen, der sogenannte „Bun". Als Beilage gibt es hausgemachte Fritten mit einer üppigen Soßenauswahl, die Portionen sind riesig. Deshalb wird wohl auch fast komplett auf Vorspeisen verzichtet. Wer möchte, kann sich einen Caesar Salad (6 Euro) oder Chicken Wings (4,50 Euro) in drei Schärfegraden bestellen. Die Burger kosten zwischen 9,50 und 13 Euro. Aber auch das große Angebot an Black-Angus-Steaks soll nicht unerwähnt bleiben, welche grammgenau abgewogen und bezahlt werden. Das hat allerdings auch seinen Preis. Am Wochenende sollte reserviert werden.

Burger & Steak

Schanze

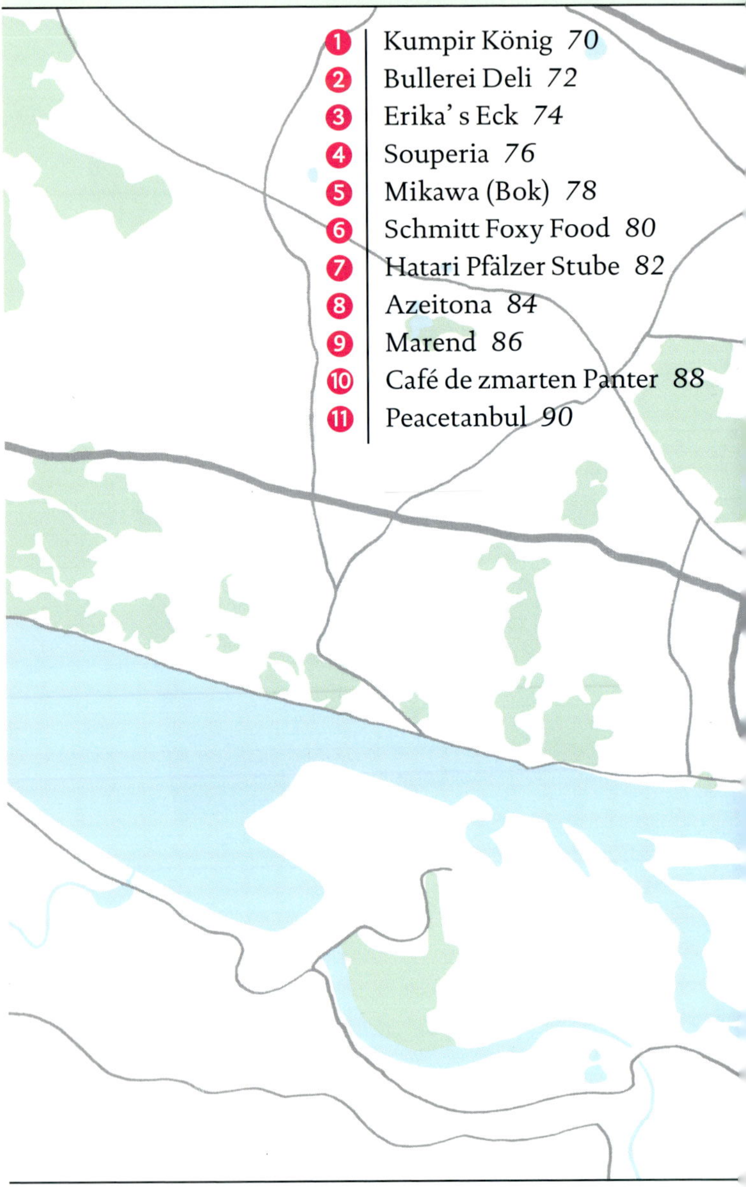

1 Kumpir König *70*
2 Bullerei Deli *72*
3 Erika' s Eck *74*
4 Souperia *76*
5 Mikawa (Bok) *78*
6 Schmitt Foxy Food *80*
7 Hatari Pfälzer Stube *82*
8 Azeitona *84*
9 Marend *86*
10 Café de zmarten Panter *88*
11 Peacetanbul *90*

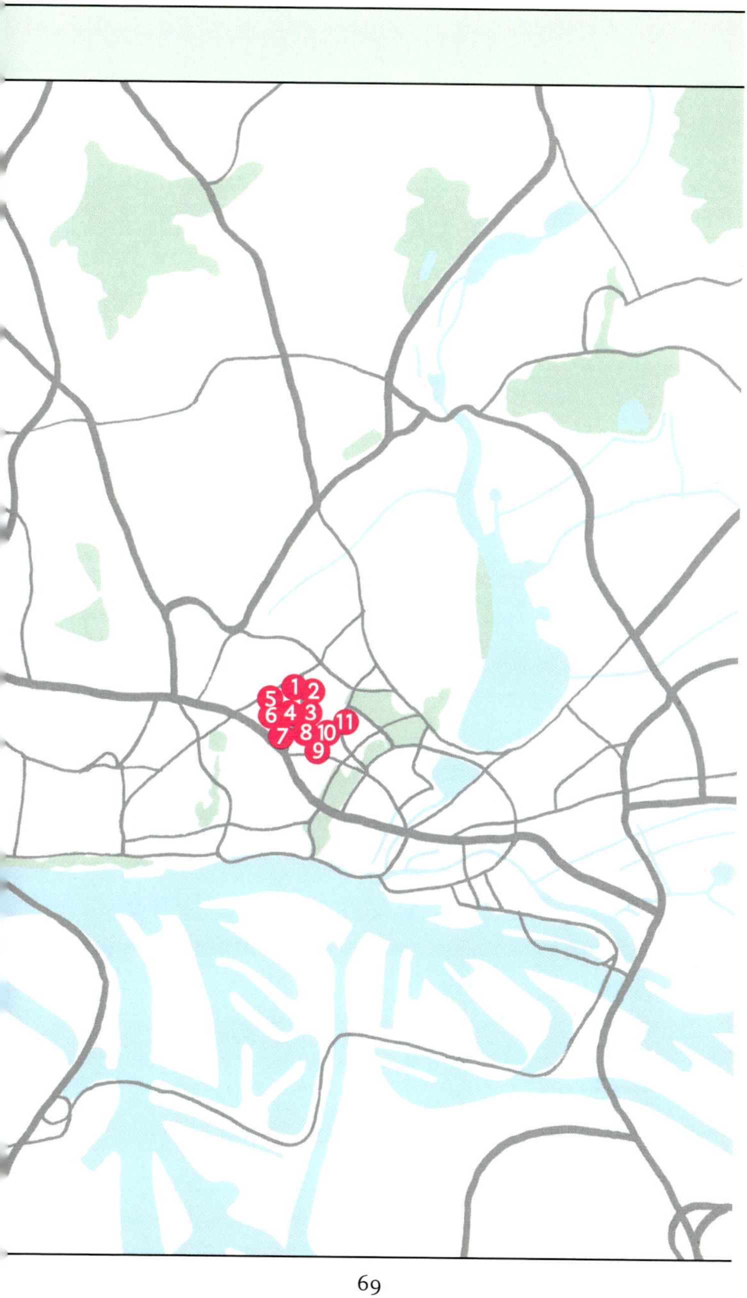

1
2
5
6
4
3
11
7
8
10
9

Kumpir König

Internet	kumpirkoenig.de
Adresse	Schanzenstraße 95
Telefon	43097604
Öffnungszeiten	Täglich 9–22 Uhr
Mittagstisch	Ja
Sitzplätze im Freien	Ja
Kreditkarten	Nein
Schwerpunkt	Gefüllte Kartoffeln
Hauptspeisen	4 bis 5 Euro

Eine gute Fast-Food-Alternative zu den umliegenden Angeboten wie Döner, Asia oder Pommes bietet der Kumpir König. Kumpir ist ein türkisches Fastfood-Gericht, das aus einer großen Kartoffel besteht, deren Inneres mit Butter und Käse vermischt wird. Anschließend wird sie noch mit unterschiedlichem Gemüse und/oder Fleisch gefüllt und mit Soße getoppt. Neben den Kartoffel-Variationen auf der Karte gibt es die Möglichkeit, sie nach eigenen Vorlieben füllen zu lassen.

Gefüllte Kartoffeln

Dabei ist die Auswahl groß: Couscous, russischer Salat, Hähnchen, Feta, Oliven, Mais. Bestellt und bezahlt wird am Tresen, der Preis pro Kartoffel liegt zwischen 3,50 und 4,90 Euro. Es gibt einige Sitzhocker in dem kleinen Raum und ein paar mehr vor der Tür mitten im trubeligen Schanzenleben. Neben dem Laden in der Schanze gibt es noch ein Kumpir-Restaurant nahe der Uni im Grindelhof 8.

Bullerei Deli

Internet	bullerei.com
Adresse	Lagerstraße 34b
Telefon	33442110
Öffnungszeiten	Täglich ab 11 Uhr
Mittagstisch	Ja
Sitzplätze im Freien	Ja
Kreditkarten	Ja
Schwerpunkt	Dies & das & Klassiker von Tim
Vorspeisen	8 bis 9 Euro
Hauptspeisen	9 bis 22 Euro

Tim Mälzer ist mit seiner Bullerei ein großer Wurf gelungen. Die Gäste strömen in Scharen heran, um in der alten Viehhalle des ehemaligen Schlachthofes von dem TV-Star und seinem Team bekocht zu werden. Tim und sein Partner Patrick Rüther hatten dazu die besonders gute Idee, die Bullerei in ein Restaurant und das Deli zu teilen. Das hochpreisige Restaurant befindet sich im hinteren Bereich, das Deli im vorderen. Hier kann nicht reserviert werden, aber bei gutem Wetter verlagert sich die hungrige Szene-Meute auch auf die große Terrasse. Die Menükarte ist überschaubar. Es gibt die Klassiker,

Dies & das & Klassiker von Tim

wie Tims Spezial-Bolognese aus drei Sorten Fleisch (9,90 Euro) und den hausgemachten Burger (8,90 Euro), sowie kleine Speisen und Steaks, wobei Letztere nicht ganz günstig sind. Außerdem stehen täglich köstliche Desserts zur Auswahl. Die vollständige Speisekarte findet man auf der Website. Ich bin lieber im Deli als im Restaurant zu Gast, nicht nur, weil man auch hier spontan (mit etwas Glück) einen Tisch bekommen kann. Die Atmosphäre ist entspannt, das Essen gut, der Wein fließt gern in Mengen und mit viel Musik ist die Stimmung meistens sehr gut.

Erika's Eck

Internet	erikas-eck.de
Adresse	Sternstraße 98
Telefon	433545
Öffnungszeiten	Täglich 17–14 Uhr
Mittagstisch	Ja
Sitzplätze im Freien	Nein
Kreditkarten	Nein
Schwerpunkt	Deftige Küche
Vorspeisen	3 bis 5 Euro
Hauptspeisen	Circa 8 bis 20 Euro

Ein Kultladen, der aus dem Schanzenviertel nicht wegzudenken ist. Allein die Öffnungszeiten von 17 bis 14 Uhr verraten, dass Erika's Eck kein gewöhnlicher Imbiss ist. Hier treffen Taxifahrer, die sich eine Pause gönnen, auf Nachtschwärmer, die um drei Uhr nachts der große Hunger packt. In der rustikal eingerichteten Lokalität geht es meistens sehr gesellig zu. Ab Mitternacht gibt es offiziell Frühstück, jedes halbe belegte Brötchen kostet nur 1 Euro und davon werden täglich an die 500 Stück mit Roastbeef, Mett und Käse geschmiert. Aber die

Deftige Küche

Gäste kommen auch wegen der Schnitzelvariationen. Eine riesige Portion inklusive Bratkartoffeln ist kaum alleine zu schaffen und kostet zwischen 10,50 und 11,90 Euro. Daneben gibt es Bratheringe, Bauernfrühstück und zudem eine kleine Auswahl für Vegetarier. Von Montag bis Donnerstag locken außerdem von 17 bis 24 Uhr die Aktionstage, mit jeweils einem anderen Stück Fleisch im Angebot. Hier ist eine Reservierung erforderlich.

Souperia

Internet	souperia.de
Adresse	Bartelsstraße 21
Telefon	43099555
Öffnungszeiten	Mo–Fr 11–20 Uhr, Sa 12–17 Uhr
Mittagstisch	Ja
Sitzplätze im Freien	Nein
Kreditkarten	Nein
Schwerpunkt	Suppen
Hauptspeisen	Circa 4 bis 5 Euro

Die Souperia in der Bartelsstraße ist besonders zur Mittagszeit gut besucht, sobald die Pause für die umliegenden Agenturen und Büros ruft. Es gibt jeden Monat sechs neue Suppen und zusätzlich jede Woche noch mal zwei, also acht Suppen in der wöchentlichen Auswahl – mit dabei Kreationen wie Chicken Curry Madras mit Ananas, Banane, Cashewnüssen und Reis oder Klassiker wie Gulaschsuppe mit Rindfleisch und Kartoffeln, dazu wird Brot gereicht. Die Suppen kosten zwischen 4 und

5 Euro und sind frisch und lecker. Die aktuelle Speisekarte sowie eine Vorschau auf die kommenden Gerichte findet man auf der Website. In dem kleinen Laden gibt es zwar nur sehr wenige Hocker und auch nicht viel mehr Stehplätze, aber zum Mitnehmen, zum Beispiel in den nahe gelegenen Schanzenpark, ist das Essen schließlich gut geeignet. Es gibt auch eine Filiale in Ottensen (Friedensallee 28, T. 38042308).

Mikawa (Bok)

Internet	mikawa.de
Adresse	Schulterblatt 92
Telefon	4304458
Öffnungszeiten	Täglich 12–23.30 Uhr
Mittagstisch	Ja
Sitzplätze im Freien	Ja
Kreditkarten	EC
Schwerpunkt	Japanisch
Vorspeisen	3 bis 7 Euro
Hauptspeisen	8 bis 15 Euro

Restaurants der Bok-Kette gibt es viele im Schanzenviertel, aber der Mikawa-Bok ist für mich mit Abstand der beste. Gegenüber der Roten Flora lässt es sich bei gutem Wetter hervorragend im Freien sitzen, um das asiatische Essen zu genießen. Die Karte bietet japanische, thailändische und koreanische Speisen an. Von Sushi jeglicher Art über verschiedene Teriyaki-Gerichte bis zu vegetarischen Köstlichkeiten wird hier jeder glücklich. Ich bin großer Fan der Vorspeisen und bestelle gern viele Kleinigkeiten, wie frittierten Tofu, marinierte Hähnchenspieße und Gynosa. Das große Restaurant ist mit seinen hohen Stuckdecken gemütlich, es bietet ausreichend Abstand bis zum nächsten Nachbarn und ist somit ein schöner Ort für gesellige Abende. Die Mittagskarte gilt täglich bis 18 Uhr und die Gerichte liegen zwischen 4 und 9 Euro.

Japanisch

Schmitt Foxy Food

Internet	schmitt-foxyfood.de
Adresse	Schulterblatt 70
Telefon	78895330
Öffnungszeiten	Mo–Mi 11.30–24 Uhr, Do–Sa 11.30–3 Uhr, So 12–24 Uhr
Mittagstisch	Ja
Sitzplätze im Freien	Ja
Kreditkarten	Nein
Schwerpunkt	Fast Food
Hauptspeisen	Circa 2,20 bis 7 Euro

Der Imbiss Schmitt Foxy Food liegt mitten in der Schanze, an der Ecke Schulterblatt/Susannenstraße. Das Essen trägt Namen wie „GrillGold", „Wucht-Brumme", „TexasSchere" oder „AckerPerle", dahinter verbergen sich Pommes, Currywurst und Kartoffelsalat. Es sind verschiedene Menüs im Angebot, zum Beispiel Currywurst, Pommes oder Kartoffelsalat sowie Limo für

Fast Food

6,70 Euro. Laut eigener Aussage gibt es hier nur Fleisch erster Güte, ohne Zusatzstoffe wie Glutamat oder Laktose. Eine vegetarische Currywurst steht ebenfalls auf der Karte. Das Schmitts hat bis nach Mitternacht geöffnet, dementsprechend tummeln sich drinnen und draußen Trink- und Ausgehfreudige und es ist besonders am Wochenende viel los.

Hatari Pfälzer Stube

Adresse	Schanzenstraße 2–3
Telefon	43208866
Öffnungszeiten	Täglich ab 12 Uhr
Mittagstisch	Ja
Sitzplätze im Freien	Ja
Kreditkarten	Nein
Schwerpunkt	Pfälzer Küche, Flammkuchen und Burger
Vorspeisen	4 bis 8 Euro
Hauptspeisen	9 bis 15 Euro

Als hätte ganz Hamburg auf dieses Konzept gewartet, sind die drei Hatari-Restaurants der Stadt täglich bis auf den letzten Platz gefüllt. In der Schanze, in Eimsbüttel (Eidelstedter Weg 1) und in Ottensen (Eulenstraße 77) befindet sich jeweils ein Hatari, aber nur das im Schanzenviertel hat bereits mittags geöffnet. In urigem Jägerhütten-Ambiente werden in jedem der drei Hataris viele Hamburger glücklich gemacht. Das liegt wohl an der guten Küche, aber auch an den moderaten Preisen sowie der lebhaften Atmosphäre. Die Menükarte bietet

Pfälzer Küche, Burger

Flammkuchen (8 bis 9 Euro) und Burger jeglicher Art, aber auch Pfälzer Hausmannskost, Schnitzel und Spätzle. Die Portionen sind groß, zum Glück können die Burger auch in „klein" bestellt werden. Zu den Pommes kommt eine üppige Auswahl an Soßen und auch Vegetarier werden hier fündig. Eigentlich gibt es drinnen und draußen reichlich Plätze, aber besonders mit mehreren Personen ist es absolut notwendig, im Vorfeld eines Besuchs zu reservieren.

Azeitona

Adresse	Beckstraße 17–19
Telefon	18007371
Öffnungszeiten	Mo–Do und So 12–23 Uhr, Fr–Sa Open End
Mittagstisch	Ja
Sitzplätze im Freien	Ja
Kreditkarten	Nein
Schwerpunkt	Arabisch, vegetarische Küche
Vorspeisen	3 bis 4 Euro
Hauptspeisen	5 bis 9 Euro

Es gibt wohl kaum jemanden, der das kleine Restaurant in der Beckstraße nicht schätzt. Selbst die größten Fleisch-Fanatiker verlassen das Azeitona mit einem Lächeln auf dem Gesicht, denn die orientalische, vegetarische und teilweise vegane Küche des Familienbetriebs schmeckt köstlich, und das zu günstigen Preisen. Die Speisen kosten zwischen 3 und 6 Euro. Man munkelt, es gäbe hier die beste Falafel der Stadt, aber auch das Gemüse, die Sandwiches und warmen Gerichte sind sehr zu empfehlen – nicht nur weil sie auch optisch stets liebevoll angerichtet sind. Die Getränkekarte ist klein, aber Bier und Weißwein sind natürlich dabei. Eng und gemütlich ist es hier, fast immer sind alle Tische besetzt, vor dem Tresen stehen Gäste, die auf ihre Falafel „to go“ warten, und die Atmosphäre ist angenehm. Das Azeitona ist zwar nichts für richtig lange Abende und romantische Candle-Light-Dinner, aber für alle anderen Anlässe immer zu empfehlen.

Arabisch-vegetarisch

Marend

Internet	marend.net
Adresse	Feldstraße 29
Telefon	36161545
Öffnungszeiten	Mo–Fr 11–22 Uhr, Sa 18–23 Uhr
Mittagstisch	Ja
Sitzplätze im Freien	Ja
Kreditkarten	Nein
Schwerpunkt	Tiroler Bistro
Vorspeisen	Circa 4 bis 6 Euro
Hauptspeisen	Circa 8 bis 10 Euro

Früher haben Lisa Dialer und Isidro Alarcon jahrelang die kleine Hofküche in dem Einrichtungsgeschäft Wohngeschwister betrieben, mittlerweile sind sie in ihr eigenständiges Bistro direkt an der belebten Feldstraße gezogen. „Marend“ ist eine Tiroler Zwischenmahlzeit, bei der Menschen zueinanderfinden, was auch hier der Wunsch ist. Für die Einrichtung wurde jede Menge Holz verarbeitet und es ist ein moderner und liebevoll eingerichteter Laden entstanden, bei dem auch vor der Tür gesessen werden kann. Alle Zutaten kommen aus

Tiroler Bistro

Tirol und die Karte ist übersichtlich. Wer kein typisches Bauernbrot essen möchte, dem seien als Hauptspeise die beliebten Knödel zu empfehlen, die unter anderem mit Spinat oder Roter Bete zubereitet werden (jeweils 8,20 Euro). Aber auch das Gulasch mit Semmelknödel (9,80 Euro) oder die Speck- und Aufschnittplatten in drei Größen sind ein Genuss. Zum Abschluss noch ein Marillen- oder Zwetschgenknödel in Butterbröseln, und sich zu bewegen ist absolut nicht mehr möglich.

Café de zmarten Panter

Adresse	Marktstraße 3
Telefon	436218
Öffnungszeiten	Mo–Sa 8–22 Uhr, So 9–22 Uhr
Mittagstisch	Ja
Sitzplätze im Freien	Ja
Kreditkarten	Nein
Schwerpunkt	Café & Bistro
Vorspeisen	Circa 4 bis 5 Euro
Hauptspeisen	Circa 8 bis 10 Euro

Das Café de zmarten Panter, beziehungsweise einfach nur Panter, liegt in der schönen Marktstraße mitten im Karolinenviertel zwischen anderen Cafés und kleinen Boutiquen. Tagsüber sitzen hier Mütter und Freiberufler und abends gesellen sich weitere hippe Anwohner dazu. Den ganzen Tag über kann hier gespeist werden. Ob ein Müsli oder Panini am Morgen, Pizza und Risotto gegen Mittag oder abends ein Salat – die Zutaten sind frisch, das Essen ist lecker zubereitet und das zu fairen Preisen. Wer hier aber nur einen Kaffee oder Wein trinken möchte, ist ebenfalls herzlich willkommen. Am schönsten ist es, draußen zu sitzen, aber auch die Inneneinrichtung ist mit ihren Holz- und Retro-Möbeln charmant und gemütlich. Die Atmosphäre ist immer sehr relaxt. Bestellt und gezahlt wird am Tresen.

Café & Bistro

Peacetanbul

Adresse	Karolinenstraße 14–15/ Ecke Marktstraße
Telefon	59458777
Öffnungszeiten	So–Do 12–24 Uhr, Fr–Sa 12–2 Uhr
Mittagstisch	Ja
Sitzplätze im Freien	Ja
Kreditkarten	EC
Schwerpunkt	Türkische Küche ohne Döner
Vorspeisen	4 bis 7 Euro
Hauptspeisen	8 bis 15 Euro

Das Peacetanbul befindet sich nicht weit von dem dazugehörigen Mr. Kebab (Seite 52/53) im Karolinenviertel. Hier gibt es zwar keinen Döner, aber dafür andere türkische Spezialitäten. Gespeist wird im Eingangsbereich, wo sich auch die Bar befindet, im Wintergarten oder auf der großen Terrasse. In dem kreativ gestalteten Restaurant servieren die Inhaber selbst und meistens ist es mit Hamburgs Szene und jungen Leuten gefüllt. Am Wochenende wird gern mal Musik an den vorhandenen

Türkische Küche ohne Döner

Plattentellern aufgelegt. Die Menükarte kommt in einer Hülle von alten Schallplatten. Es gibt viel Fleisch in Form vom „Peaceburger" (8 Euro) oder dem Grillteller (12 Euro) und die Portionen sind üppig. Besonders beliebt ist die vegetarische Vorspeisenplatte mit einem Mix aus türkischen Spezialitäten (drei Größen für 7/10/15 Euro). Wer eine Flasche Wein bestellt (ab 14 Euro), bekommt eine Flasche Wasser gratis dazu.

Blankenese

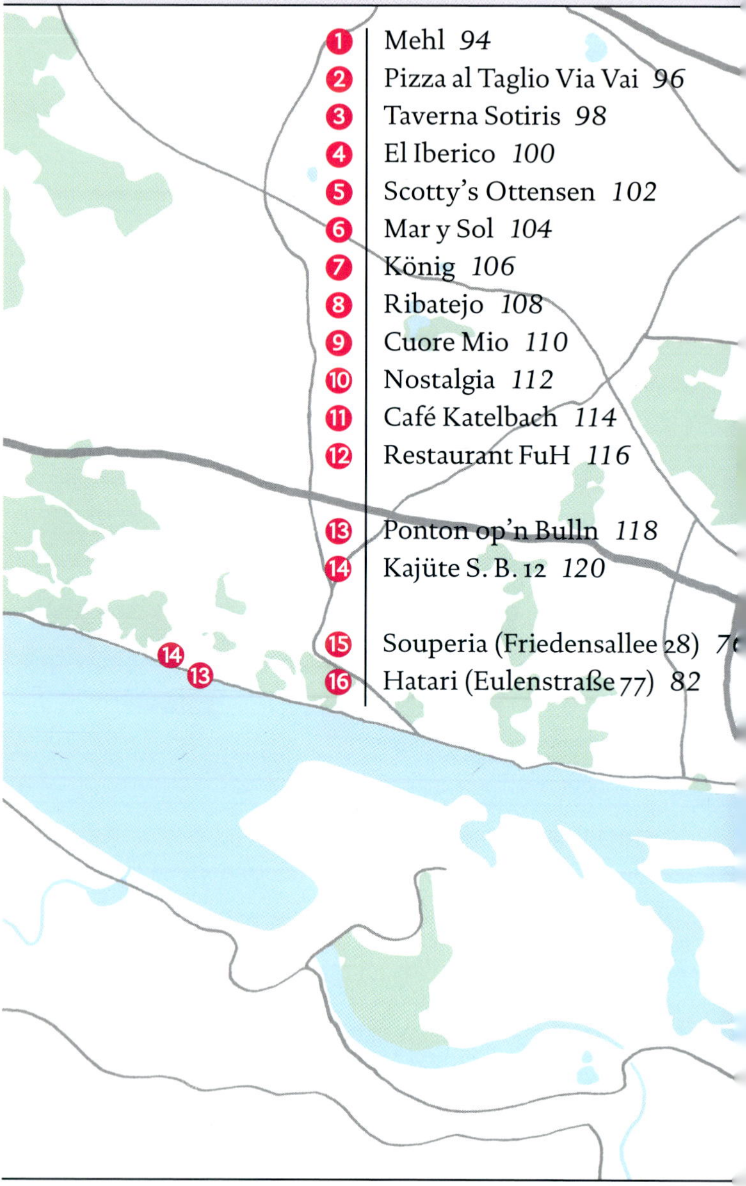

1 Mehl *94*
2 Pizza al Taglio Via Vai *96*
3 Taverna Sotiris *98*
4 El Iberico *100*
5 Scotty's Ottensen *102*
6 Mar y Sol *104*
7 König *106*
8 Ribatejo *108*
9 Cuore Mio *110*
10 Nostalgia *112*
11 Café Katelbach *114*
12 Restaurant FuH *116*

13 Ponton op'n Bulln *118*
14 Kajüte S. B. 12 *120*

15 Souperia (Friedensallee 28) 7
16 Hatari (Eulenstraße 77) 82

Altona/Ottensen

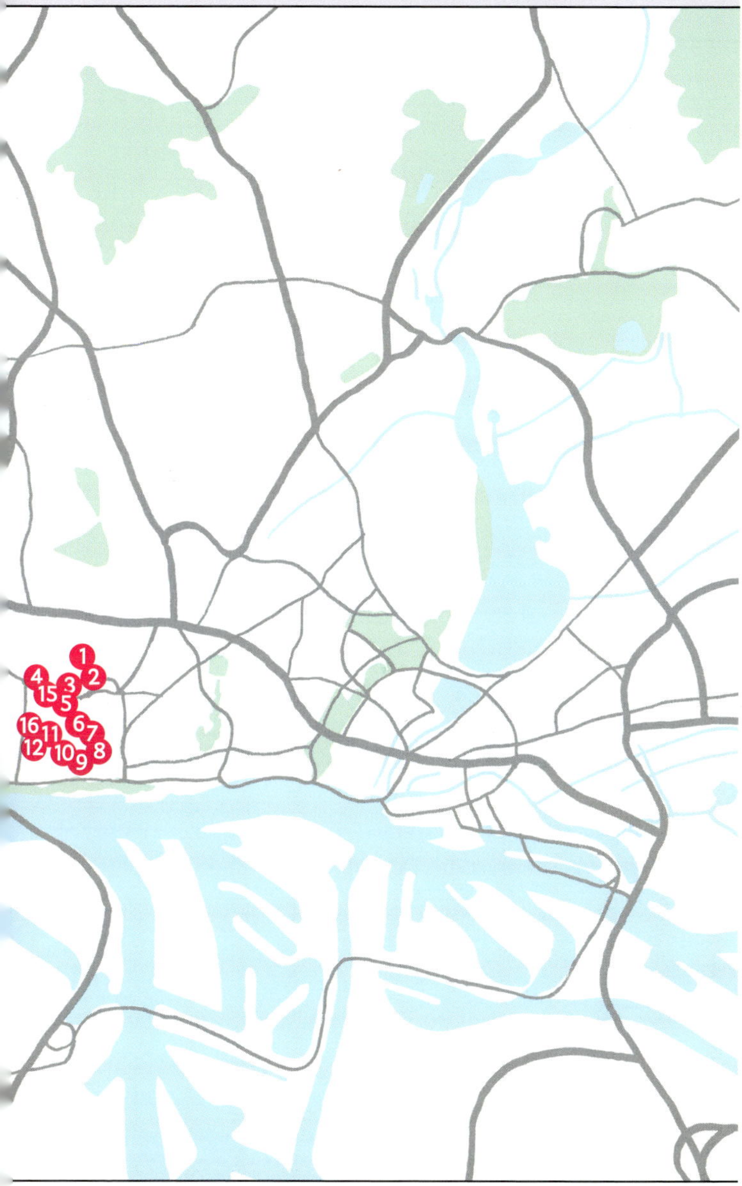

Mehl

Internet	dasmehl.com
Adresse	Gaußstraße 190
Telefon	73449969
Öffnungszeiten	So–Do bis ca. 1 Uhr, Fr–Sa Open End
Küche	So–Do 17.30 –22 Uhr, Fr–Sa 12.30–23 Uhr
Mittagstisch	Ja
Sitzplätze im Freien	Ja
Kreditkarten	EC- und Kreditkarten
Schwerpunkt	Pizza & Pasta
Vorspeisen	4 bis 8 Euro
Hauptspeisen	10 bis 16 Euro

Etwas abseits vom Ottenser Trubel, in einem Hinterhof neben dem Thalia in der Gaußstraße, befindet sich das Mehl. In dem geschmackvoll eingerichteten, gemütlichen Restaurant sitzen junge Leute, Theaterpublikum und Szene an großen Tischen, um Pizza zu essen – und zwar außergewöhnliche Pizza. Ob „Die dunkle Seite der Macht“ (Rote Bete, Ziegenkäse, Walnüsse) oder „Stella“ (Rindfleisch, Antipasti, Ingwer): Die Pizzen sind groß, köstlich und kreativ. Wer keine Tomatensoße auf

Pizza & Pasta

seinem Essen möchte, kann auf die „Bianco“ oder „Schwarze Pizza“ zurückgreifen. Zu allen Gerichten werden passende Getränke empfohlen, aber der Barmann zaubert auch diverse Cocktails für das durstige Publikum. Wer keine der Pizzen mag, hat die Möglichkeit, Antipasti, Salat oder Pasta zu wählen oder auf dem Bestellzettel einfach seine Lieblingskombination selbst zusammenzustellen. Das Mehl ist täglich gut besucht, eine Reservierung ist notwendig.

Pizza al Taglio Via Vai

Adresse	Bahrenfelder Straße 223
Telefon	79692626
Öffnungszeiten	Mo–Fr 12–23 Uhr, Sa 17–24 Uhr
Mittagstisch	Ja
Sitzplätze im Freien	Nein
Kreditkarten	Nein
Schwerpunkt	Pizza
Pizza	1/4 Pizza circa 4 Euro

Der kleine Laden gegenüber der Fabrik ist besonders für den kleinen und/oder schnellen Hunger perfekt geeignet. Richtig gemütlich ist es mit den Hochtischen und -stühlen nicht, aber hier hält man sich sowieso nicht lange auf oder nimmt die Pizza gleich „to go“. Auf den ersten Blick lassen einen die Preise erschrecken, aber bei genauerem Hinsehen erkennt man, dass es sich um Kilopreise handelt. Die Pizzen werden je nach Größe

Pizza

exakt abgewogen und bezahlt. Die Auswahl ist übersichtlich, aber für jeden Geschmack ist etwas dabei: von Ziegenkäse, Rosmarin und Honig bis Salsiccia, Oliven und Zwiebeln. Der Pizzaboden ist dünn und knusprig, so wie es sein soll. Außerdem gibt es einen Salat für circa 4,50 Euro und bis zu zwei Pasta-Gerichte für jeweils 5 bis 6 Euro.

Taverna Sotiris

Adresse	Barnerstraße 42
Telefon	3901097
Öffnungszeiten	Täglich ab 18 Uhr
Mittagstisch	Nein
Sitzplätze im Freien	Ja
Kreditkarten	Nein
Schwerpunkt	Griechisch ohne Gyros
Vorspeisen	3 bis 4,50 Euro
Hauptspeisen	6 bis 14 Euro

Das Restaurant Sotiris ist ein Klassiker unter Hamburgs Griechen. Natürlich auch, weil das Restaurant bereits Kulisse (allerdings nachgebaut) in Fatih Akins Film „Soul Kitchen" gewesen ist. Kein Wunder, denn der ehemalige Besitzer Adam Bousdoukos gehört zu Fatih Akins Stammschauspielern. Mittlerweile hat das Restaurant allerdings einen neuen Besitzer, was der Popularität des Griechen aber keinen Abbruch getan hat. Am Nachbartisch trifft man gern den ein oder anderen lokalen Promi und täglich ist der Laden gut besucht,

Griechisch ohne Gyros

besonders am Wochenende. Reservieren ist daher empfohlen. Die Einrichtung ist urig-gemütlich, es gibt Holztische, laute Musik und immer mindestens einen Ouzo aufs Haus. Aber so sehr ich mich auf einen großen Teller Gyros gefreut habe – bei Sotiris gibt es keins. Das rustikale Essen kommt in guten Portionen und schmeckt lecker. Das Preis-Leistungs-Verhältnis ist unschlagbar: Ein Grillteller kostet circa 9,50 Euro und die Vorspeisen liegen unter 5 Euro.

El Iberico

Internet	el-iberico.com
Adresse	Friedensallee 34a
Telefon	25768984
Öffnungszeiten	Mo–So 17–24 Uhr
Mittagstisch	Nein
Sitzplätze im Freien	Nein
Kreditkarten	Ja
Schwerpunkt	Tapas
Vorspeisen	Circa 6 Euro
Hauptspeisen	7 bis 15 Euro

Die Tapasbar El Iberico in der Friedensallee, Ecke Behringstraße, wurde im Juni 2014 komplett umgebaut und neu eröffnet. Inhaber Holger Klock und seine Mitarbeiter bieten ihren Gästen familiäres Flair und typisch spanische Küche nebst einer reichhaltigen Weinkarte. Die frischen Zutaten finden sich in einer fein abgeschmeckten und kreativen Komposition auf liebevoll angerichteten Tellern wieder. Das Besondere am El Iberico ist die große Auswahl an vegetarischen Tapas, wie

Tapas

beispielsweise die Kartoffeltapas nach kanarischer Art (4,30 Euro) oder die grünen Bratpepperonen mit Meersalzflakes (5,30 Euro). Tapas wie das gebratene Seeteufelfilet auf einem Tomatenbett (9 Euro) oder das gegrillte Rinderfilet mit poschiertem Wachtelei (7,10 Euro) erfreuen die Fleisch- und Fischliebhaber. Reservieren empfiehlt sich, denn es kann auch mitten in der Woche ziemlich voll werden.

Scotty's Ottensen

Internet	scottys-ottensen.de
Adresse	Friedensallee 14–16
Telefon	397004
Öffnungszeiten	Mo–Do 12–1 Uhr, Fr 12–2 Uhr, Sa 12–2 Uhr und So 10–24 Uhr
Mittagstisch	Ja
Sitzplätze im Freien	Ja
Kreditkarten	Ja
Schwerpunkt	Pizza, Pasta, Fisch- und Fleischgerichte
Vorspeisen	Circa 8 Euro
Hauptspeisen	10 bis 16 Euro

In der Friedensallee 14–16, direkt gegenüber den Zeise-Kinos, hat sich Hamburgs zweites Scotty's niedergelassen. Während das Scotty's Bahrenfeld bereits seit 1996 als Institution auf dem Bahrenfelder Steindamm zu Hause ist, besticht die neue Location in Ottensen gegenüber der ehemaligen Schiffsschraubenfabrik Zeise von 1868 mit einem Zusammenspiel aus historischer Architektur und modernem Mobiliar, das einen unverwechselbaren Charme ausstrahlt. Die feinen Speisen und

Pizza, Pasta, Fisch- und Fleischgerichte

erlesenen Getränke bieten eine kulinarische Vielfalt, die für jeden etwas bereithält. Ob Fleisch- und Fischgerichte, Pizza und Pasta oder Suppen und Salat – jeder Genießer wird auf der Speisekarte, die mit moderaten Preisen aufwartet, fündig (zum Beispiel portugiesische Fischsuppe für 5,50 Euro oder Grüne Lasagne mit Mangold und Ziegenkäse für 10,90 Euro). Bei gutem Wetter kann man wunderbar sein Essen und die Atmosphäre von den wenigen Plätzen vor dem Restaurant genießen.

Mar y Sol

Adresse	Ottenser Hauptstraße 36
Telefon	3907774
Öffnungszeiten	Mo–Fr 7.30–24 Uhr, Sa 9–24 Uhr, So 10–24 Uhr
Mittagstisch	Ja
Sitzplätze im Freien	Ja
Kreditkarten	Nein
Schwerpunkt	Spanische Snacks
Vorspeisen	Circa 2 bis 4 Euro
Hauptspeisen	2,50 bis 7 Euro

Das kleine Café mitten auf der Ottenser Hauptstraße ist den ganzen Tag über Anlaufpunkt für Anwohner und Shoppinglustige, die eine Pause benötigen. Ab morgens sitzen hier die Gäste bei Galão und Frühstück und fühlen sich ein bisschen wie in Spanien. Die Bar ist mit Mosaiksteinen überzogen und es gibt einige Plätze im Inneren, am schönsten ist es jedoch, in der Sonne vor der Tür zu sitzen. Das Mar y Sol bietet kleine Speisen

Spanische Snacks

und Snacks zu unglaublichen Preisen an: Toast mit Manchego und Chorizo (ab 2,50 Euro), kleine Tapas (2 bis 7 Euro), frische Salate (3,50 bis 7 Euro) und Kuchen. Besonders lecker ist der Toast Mallorquin, ein großes Baguette mit Manchego-Käse, Serrano-Schinken, Olivenöl, Knoblauch und Tomate für 4,50 Euro. Es gibt hier keine großen Tellergerichte, aber satt wird man mit den kleinen Köstlichkeiten allemal.

König

Internet	koenig-ottensen.de
Adresse	Bahrenfelder Straße 98
Telefon	41358877
Öffnungszeiten	Mo–Fr 8–21 Uhr, Sa 9–19 Uhr
Mittagstisch	Ja
Sitzplätze im Freien	Ja
Kreditkarten	Nein
Schwerpunkt	Delikatessen-Bistro
Vorspeisen	Ab 3 Euro
Hauptspeisen	Circa 5 bis 9 Euro

Jahrelang beglückte König & König in der Ottenser Hauptstraße seine Gäste. Doch nachdem der Standort aufgrund des Gebäudeabrisses gewechselt werden musste, erstrahlt es mittlerweile als König ein paar Meter weiter in neuer Pracht. Hier kann bei Bircher Müsli und frisch gepresstem Orangensaft der Tag begonnen werden, mittags und abends stehen Quiche (circa 5,50 Euro), Flammkuchen (ab 7 Euro) und weitere Köstlichkeiten und Kleinigkeiten zur Auswahl. Alles ist hausgemacht, aus regionalen Zutaten und stammt – sofern möglich – aus biologischem Anbau. Die Qualität ist den ganzen Tag über hervorragend. Exquisite Weine runden das Angebot ab. Der Laden ist klein, aber entzückend eingerichtet – mit den alten Fliesen und der schönen Theke lächeln uns die frischen Speisen gleich noch mehr an. Vor dem Bistro kann man bei einem Glas Wein das Flair Ottensens wunderbar genießen.

Delikatessen-Bistro

Ribatejo

Internet	ribatejo.de
Adresse	Bahrenfelder Straße 56
Telefon	41287911
Öffnungszeiten	Mo–Do 8.30–24 Uhr, Fr 8.30–1 Uhr, Sa 10–1 Uhr, So 12–24 Uhr
Mittagstisch	Ja
Sitzplätze im Freien	Ja
Kreditkarten	EC- und Kreditkarten ab 15 Euro
Schwerpunkt	Tapas
Vorspeisen	Tapas 4 bis 8 Euro
Hauptspeisen	9 bis 12 Euro

Der kleine Portugiese befindet sich in einer ehemaligen Durchfahrt zum Hinterhof, was besonders an den Pflastersteinen im Lokal noch zu erkennen ist. Dabei ist die Toreinfahrt bei gutem Wetter immer geöffnet, wodurch Urlaubsatmosphäre aufkommt. Einige Plätze gibt es auch vor dem Restaurant, aber nicht nur wegen der wenigen Sitzgelegenheiten sollte reserviert werden. Für gesellige Abende ist das Ribatejo der richtige Ort, denn

Tapas

die Weinkarte ist umfangreich und bietet gute portugiesische und spanische Weine an. Dazu werden in der offenen Küche verschiedene Tapas zubereitet – warm und kalt, mit Fisch, Fleisch oder vegetarisch. Zudem gibt es gemischte Teller mit Wurst und Käse. Ein großer Käseteller mit Oliven, Tomaten und Kapern für drei bis vier Personen kostet 25 Euro. Wer hier mittagessen möchte, erhält ein Drei-Gänge-Menü für 8,80 Euro.

Cuore Mio

Internet	cuoremio.de
Adresse	Rothestraße 38
Telefon	39906029
Öffnungszeiten	Di–So ab 18 Uhr
Mittagstisch	Nein
Sitzplätze im Freien	Ja
Kreditkarten	EC
Schwerpunkt	Italienisch
Vorspeisen	Circa 6 Euro
Hauptspeisen	8 bis 18 Euro

Das italienische Restaurant gibt es seit 1999 im Herzen Ottensens in der Rothestraße. Geführt von einem aus Genua und Neapel stammenden Ehepaar, begrüßt es seine Gäste mit heimeliger Atmosphäre und authentischer Gastfreundlichkeit. Das Besondere ist die täglich neue und individuelle Speisekarte, auf der jeder Feinschmecker etwas für sich entdeckt. Neben den typisch italienischen Klassikern und dem legendären selbst

Italienisch

gebackenen Brot ist es dem Inhaber und Küchenchef Lidio wichtig, die Speisekarte so abwechslungsreich und frisch wie möglich zu halten. Manuela, die fröhliche Chefin, gibt jedem Gast das Gefühl, zu Hause zu sein, und sorgt sowohl auf der restauranteigenen Terrasse als auch im Inneren für original italienisches Ambiente. Am besten sollte man reservieren.

Nostalgia

Internet	nostalgia-beisotiris.de
Adresse	Eulenstraße 49
Telefon	39907467
Öffnungszeiten	Mo–Do 17–24 Uhr, Fr–Sa 16–24 Uhr, So und feiertags 13–24 Uhr
Mittagstisch	Nein
Sitzplätze im Freien	Ja
Kreditkarten	Nein
Schwerpunkt	Griechisch
Vorspeisen	Circa 3 bis 7 Euro
Hauptspeisen	Circa 7 bis 15 Euro

In den zwei kleinen urigen Räumen der Taverna werden die Gäste freundlich empfangen und sind von Nippes und Wandbehang umgeben. Weitere Sitzplätze gibt es auch vor der Tür sowie im kleinen Hinterhof im hinteren Teil des Restaurants, das immer gut gefüllt ist. Der Service ist entspannt. Die Auswahl der Speisekarte ist riesig, Fisch- und Fleischliebhaber werden genauso glücklich wie Vegetarier (vegetarische Speisen 8 bis 9 Euro). Ob die üppige Vorspeisenplatte (4,90 Euro bzw.

Griechisch

für zwei 9,80 Euro), das Lammfleisch oder die Knoblauch-Bratkartoffeln (2,50 Euro) – das rustikale Essen ist einfach gut und preiswert. Deshalb sollte hier besonders am Wochenende reserviert werden. Der krönende Abschluss sind die Loukoumades, süße Teigbällchen mit Zimt und Honig, und natürlich der Ouzo aufs Haus. Einziges Manko: Die Weinkarte könnte, im Verhältnis zur Speisekarte, ein wenig umfangreicher sein.

Café Katelbach

Internet	katelbach.de
Adresse	Große Brunnenstraße 60
Telefon	3905511
Öffnungszeiten	Mo–Sa ab 12 Uhr, So ab 13 Uhr
Mittagstisch	Ja
Sitzplätze im Freien	Ja
Kreditkarten	Nein
Schwerpunkt	Mediterrane Küche & Pizza
Vorspeisen	Circa 4 bis 6 Euro
Hauptspeisen	Circa 8 bis 13 Euro

Hohe Decken, urige Holzmöbel und eine alte Kaffeetheke sorgen für das besondere Ambiente im Katelbach, das gleichermaßen für Jung und Alt geeignet ist. Tagsüber ist das Café Anlaufstelle für Kaffee- und Kuchenliebhaber, denn es bietet zwölf verschiedene Röstungen und köstliche Torten an. Abends kommen die Gäste, um die großen Pizzen für 8 bis 10 Euro zu verkosten oder eines der Gerichte von der Tageskarte zu probieren. Ob Entenbrust mit Spargel, Lammspieße mit Kräuterjoghurt (circa 11 Euro) oder Seehechtfilet auf Pernot-Soße (circa 12 Euro) – wer keine Pizza möchte, wird trotzdem fündig. Die Räumlichkeiten bieten sehr viel Platz und sind somit auch für größere Gruppen geeignet. Im Sommer gibt es zudem die Möglichkeit, vor dem Café zu sitzen.

Mediterrane Küche & Pizza

Restaurant FuH

Internet	restaurant-fuh.de
Adresse	Fischers Allee 42
Telefon	3900566
Öffnungszeiten	Mi–Sa 17.30–23 Uhr, So 17–22 Uhr
Mittagstisch	Nein
Sitzplätze im Freien	Nein
Kreditkarten	EC
Schwerpunkt	Moderne deutsche Küche
Menüs	Ab 28 Euro

Das Restaurant FuH – Ein Raum zum Speisen in der Fischers Allee in Ottensen wartet mit einem innovativen und individuellen Konzept auf. Der Geschäftsführer und Küchenchef Fabian Ehrich ist auf Drei- bis Fünf-Gänge-Menüs spezialisiert, die in einer stimmigen Komposition frisch zubereitet und serviert werden. So zum Beispiel das Genießerland-Menü (36 Euro), bei dem vom Ziegenkäse in der Vorspeise über das Lachsforellenfilet oder den Eidertaler Auerochsen im Hauptgang bis zum Dessert, der Joghurtmousse mit Vanillecrêpe, alle geschmacklichen Vorlieben bedacht werden. Das überschreitet zwar etwas unser festgesetztes Budget, aber hier schmeckt es so lecker, dass man sich ruhig

Moderne deutsche Küche

etwas gönnen kann. Auch die Vegetarier werden mit dem eigens für sie zusammengestellten Menü (28 Euro) einen Gaumenschmaus erleben, denn es wird wirklich an alles und jeden gedacht. Großen Wert legt der Chefkoch auch auf regionale Bioprodukte und saisonale Gerichte. Zusätzlich begeistert das Ambiente mit stilvoll in Szene gesetzten Lichtelementen und wohlig anmutenden Einrichtungsgegenständen. Reservieren ist zu empfehlen. Wer genauer wissen möchte, was in der Küche des Restaurants FuH („FuH“ steht für Fabian und Hans) vonstatten geht, kann einen Kochkurs beim Küchenchef höchstpersönlich belegen und sich seine Rezepte näherbringen lassen.

Ponton op'n Bulln

Internet	pontonopnbulln.de
Adresse	Strandweg 30 (Fähranleger Blankenese)
Telefon	86645127
Öffnungszeiten	März–Okt täglich 11–23 Uhr, Nov–Feb Do–Fr ab 11 Uhr, Sa–So ab 10 Uhr, vom 26.12. bis Neujahr durchgehend geöffnet
Mittagstisch	Ja
Sitzplätze im Freien	Ja
Kreditkarten	Nein
Schwerpunkt	Snacks & Hausmannskost
Vorspeisen	3 bis 7 Euro
Hauptspeisen	3 bis 10 Euro

Logenplatz zum Schiffegucken. Am Anleger Blankenese ist die Elbe schon mehr als zwei Kilometer breit. Hier riecht es nach Meer. Auf dem Ponton treffen sich der Blankeneser, der Quittje und der Touri. Einmalig ist der Blick auf die großen Pötte, die hautnah vorbeiziehen und deren Bug- und Heckwellen die schwimmende Gastronomie manchmal ein wenig ins Wanken bringen. Bei Frau Gehrmann und ihrem freundlichen Team fühlt man sich wie in der Sommerfrische, auch wenn einem der Wind um die Ohren pfeift. Hier sitzt man möglichst draußen – bei Kaffee und Kuchen (selbst gebackene

Snacks & Hausmannskost

Mandeltorte!) oder einem herzhaften Fischbrötchen. Drinnen ist das Platzangebot überschaubar. Trotz der winzigen Kombüse entstehen jedoch beachtenswerte Kreationen zu angemessenen Preisen. Besonders zu empfehlen: Büsumer Fischeintopf (7,50 Euro), Backfisch mit Kartoffelsalat (9,90 Euro), Spaghettivariationen, oder einfach die Tagesspeisen probieren. Das Weinangebot ist klein, aber fein: Der Grauburgunder von Heger ist für Weißweintrinker eine gute Wahl (Glas 5,50 Euro). Bei schönem Wetter kann es voll werden. Aber es findet sich immer ein Plätzchen op'n Bulln.

Kajüte S. B. 12

Internet	kajuetesb12.de
Adresse	Strandweg 79 (Blankenese)
Telefon	86648640
Öffnungszeiten	März–Okt täglich 11–23 Uhr, Nov–Feb Do–Mo 11–23 Uhr, vom 25.12. bis Neujahr durchgehend geöffnet
Mittagstisch	Ja
Sitzplätze im Freien	Ja
Kreditkarten	Nein
Schwerpunkt	Snacks & Hausmannskost
Vorspeisen	Circa 5 bis 9 Euro
Hauptspeisen	8 bis 22 Euro

Von März bis Oktober sitzt man hier bei fast jedem Wetter am Strand vor dem Blankeneser Treppenviertel auf einfachen Bänken an langen Holztischen. Es geht also eher rustikal zu bei der Kajüte, die ihr Namenskürzel „S.B. 12" von einem ehemaligen Elbschiff übernommen hat. Die Füße im Sand, das Fischbrötchen auf dem Teller, den faszinierenden Panoramablick auf die Elbe vor der Nase – man sitzt wirklich in der ersten Reihe und die vorbeiziehenden Schiffe gibt's umsonst. Die Küche besticht durch ihre Qualität. Ein weiterer Pluspunkt sind

Snacks & Hausmannskost

die ausgesprochen moderaten Preise, die sich so ganz und gar nicht auf dem Niveau der ansonsten gastronomisch unterentwickelten, dafür aber preislich an der oberen Grenze liegenden „Schollenmeile“ am Strandweg bewegen. Besonders zu empfehlen: die Fischbrötchen mit Matjes, Bismarckhering oder Lachs (3 bis 4,50 Euro), die Portion Bratkartoffeln mit Kräuterrührei (10,80 Euro), die Crêpes mit Zimt und Zucker (5,20 Euro) und die täglich wechselnden Empfehlungen an der Tafel.

Eppendorf, Hoheluft,

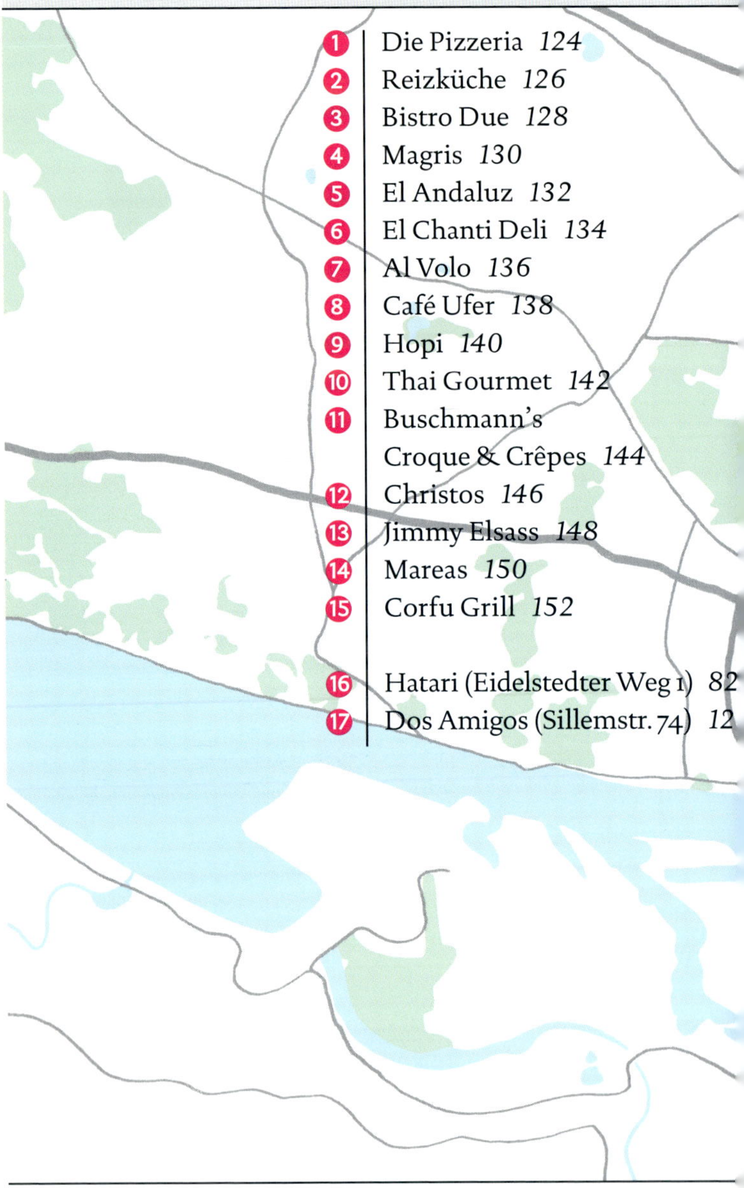

1 Die Pizzeria *124*
2 Reizküche *126*
3 Bistro Due *128*
4 Magris *130*
5 El Andaluz *132*
6 El Chanti Deli *134*
7 Al Volo *136*
8 Café Ufer *138*
9 Hopi *140*
10 Thai Gourmet *142*
11 Buschmann's Croque & Crêpes *144*
12 Christos *146*
13 Jimmy Elsass *148*
14 Mareas *150*
15 Corfu Grill *152*

16 Hatari (Eidelstedter Weg 1) *82*
17 Dos Amigos (Sillemstr. 74) *12*

Eimsbüttel

Die Pizzeria

Internet	diepizzeria.eu
Adresse	Eppendorfer Landstraße 165 (Eppendorf)
Telefon	46776566
Öffnungszeiten	Täglich 12–23 Uhr
Mittagstisch	Ja
Sitzplätze im Freien	Ja
Kreditkarten	EC
Schwerpunkt	Pizza
Vorspeisen	Circa 5 bis 8 Euro
Hauptspeisen	Circa 9 bis 15 Euro

Ben Stiller, Mariah Carey und Ole von Beust lächeln uns von drei der vielen gerahmten Promi-Fotos an, die zeigen, wer bereits alles in der Pizzeria gegessen hat. Die überschaubare Speisekarte bietet Salate, Pasta und Pizza, obwohl die meisten Gäste wohl wegen Letzterer das Restaurant besuchen. Die Pizzen sind groß, der Teig ist dünn und der Belag saftig. Die Kosten: zwischen 9 und 15 Euro, Pasta gibt es für circa 9 Euro. Auf nicht besonders großem und manchmal engem Raum zum Nachbarn wird drinnen gespeist, umso schöner ist es, wenn man einen der weiteren 40 Plätze vor der Pizzeria ergattern kann. Eine Reservierung ist auch hier notwendig, erst recht, wenn man mit mehr als zwei Personen kommen möchte. Das Publikum besteht hauptsächlich aus Stammgästen und Anwohnern aus Eppendorf und Winterhude. Von montags bis freitags gibt es einen wechselnden Mittagstisch für 7,50 Euro.

Pizza

Reizküche

Adresse	Eppendorfer Weg 278 (Hoheluft-Ost)
Telefon	42916546
Öffnungszeiten	Mo–Sa 12–16 Uhr und 18–23 Uhr, So und feiertags 17–22 Uhr
Mittagstisch	Ja
Sitzplätze im Freien	Ja
Kreditkarten	EC
Schwerpunkt	Vietnamesisch
Vorspeisen	3 bis 10 Euro
Hauptspeisen	8 bis 15 Euro

Ein guter und preiswerter Vietnamese in der Stadt, bei dem man als Pärchen sowie in der Gruppe problemlos einen schönen Abend verbringen kann. Die Reizküche liegt im Souterrain und teilt sich in zwei Räume mit modernem Ambiente. Das Publikum ist gemischt, die Eppendorfer, aber auch Studenten gehen hier mittags und abends essen. Die Mittagskarte bietet bis 16 Uhr fünf Gerichte zur Auswahl, auch ein vegetarisches ist immer dabei. Abends wird à la carte bestellt und das

Vietnamesisch

Angebot an vietnamesischen Speisen ist groß: Von Salaten, Suppen, Fleisch bis Fisch ist alles dabei. Ob Hühnchenfleisch mit Mango, Zuckerschoten und Cashewnüssen (9,90 Euro) oder gebratener Tintenfisch mit Ingwer und Zitronengras (13,90 Euro) – die Speisen sind mit Liebe zubereitet, frisch und dabei so gesund. Besonders lecker ist auch der Vorspeisenteller für 9,90 Euro mit einer Auswahl kleiner vietnamesischer Köstlichkeiten, den man sich vorab gut zu zweit teilen kann.

Bistro Due

Internet	bistro-due-hamburg.de
Adresse	Lehmweg 30 (Hoheluft-Ost)
Telefon	488182
Öffnungszeiten	Mo–Fr 12–23 Uhr, Sa 12.30–23 Uhr, So 13–22 Uhr
Mittagstisch	Ja
Sitzplätze im Freien	Ja
Kreditkarten	Nein
Schwerpunkt	Pizza, Pasta & Croque
Vorspeisen	3,50 bis 7 Euro
Hauptspeisen	Circa 6 bis 15 Euro

Auch wenn Sternekoch Wahabi Nouri nebenan in seinem exklusiven Restaurant Piment seine außergewöhnlichen Kreationen zaubert: Das Bistro Due muss sich nicht verstecken. Neben diversen Pasta-Variationen, hauchdünnen Pizzen (6 bis 8 Euro), Croques und Salaten (4 bis 8 Euro) gibt es eine Tageskarte u. a. mit Wiener Schnitzel (13,50 Euro, köstlich!), Scampi (10,50 Euro) und Doradenfilet (14 Euro). Hier wird zwar nicht auf Sterneniveau, aber mit viel Liebe gekocht. Die geschmackvolle Einrichtung des Bistros macht den Aufenthalt angenehm und für längere Abende tauglich, auch wenn es noch ein bisschen attraktiver ist, einen der vielen Plätze draußen auf dem schönen Eppendorfer Lehmweg zu ergattern. Das Publikum besteht hauptsächlich aus Anwohnern der Umgebung.

Pizza, Pasta & Croque

Magris

Internet	magris.de
Adresse	Eppendorfer Weg 210 (Hoheluft-Ost)
Telefon	75360717
Öffnungszeiten	Di–Fr 12–14.30 Uhr, Di–Sa 18–23 Uhr
Mittagstisch	Ja
Sitzplätze im Freien	Ja
Kreditkarten	Nein
Schwerpunkt	Antipasti & Pasta
Hauptspeisen	8 bis 12 Euro

Sandro Magris kümmert sich mit viel Liebe zu Speisen und Gästen um sein kleines italienisches Bistro. Neben einem Mittagstisch für 4,90 Euro gibt es hier abends an die zwanzig Antipasti zur Auswahl sowie Pasta für 7,90 Euro pro Gericht. Die Pasta ist meistens einfach, aber immer sehr lecker. Die zwei Räume sind klein, es gibt nur wenige Plätze an den Hochtischen im Innenbereich und darüber hinaus einige draußen an normalen

Antipasti & Pasta

Tischen, aber das offene Regal mit den vielen Weinflaschen macht die Atmosphäre gemütlich und lässt die Trinklaune steigen. Bestellt man ein Glas Wein, so wird die ganze Flasche auf den Tisch gestellt und am Schluss nur das bezahlt, was aus der Flasche fehlt. Das Bistro ist nichts für große Gruppen, aber für ein Mittagessen oder eine Pasta zu zweit beziehungsweise zu viert ist es ein schönes Plätzchen.

El Andaluz

Internet	el-andaluz-hamburg.de
Adresse	Eppendorfer Weg 200 (Hoheluft-West)
Telefon	42935622
Öffnungszeiten	Mo–Sa 16–Open End
Mittagstisch	Nein
Sitzplätze im Freien	Ja
Kreditkarten	EC
Schwerpunkt	Tapas
Vorspeisen	Circa 3 bis 5 Euro
Hauptspeisen	Tapas circa 4 bis 8 Euro, Tellergerichte circa 15 bis 19 Euro

In das El Andaluz gehe ich gern, um spanische und insbesondere andalusische Tapas zu genießen. Gegrillte Dorade und Lammkotelettes gibt es hier zwar auch als große Tellergerichte, aber die übersteigen teilweise unseren preislichen Rahmen. Doch auch von den vielen kleinen Tapas wird man satt, erst recht, wenn vorweg die köstliche Aioli mit warmem Brot serviert wird. Die Tapas sind bunt gemischt und reichen von vegetarischen Varianten über noch mehr Fisch und Meeresfrüchte bis hin zu Fleisch. Die Hähnchenschenkel in Knoblauch

Tapas

(5,70 Euro) sind ganz wunderbar gewürzt, der gegrillte grüne Spargel (3,90 Euro) ist frisch und saftig und der warme Ziegenkäse mit Honig und Pinienkernen (5,15 Euro) eine traumhafte Komposition. Jeden Mittwoch gibt es von 19 bis 22 Uhr ein großes Tapas-Buffet mit allem, was das Herz begehrt – inklusive einem Glas Prosecco für 19 Euro pro Person. Im Restaurant herrscht mallorquinisches Flair und auch draußen sitzt man sehr schön auf der kleinen Terrasse.

El Chanti Deli

Adresse	Eppendorfer Weg 221 (Hoheluft-West)
Telefon	42935636
Öffnungszeiten	Täglich 12–22 Uhr
Mittagstisch	Ja
Sitzplätze im Freien	Ja
Kreditkarten	Nein
Schwerpunkt	Burger
Burger	8 bis 10 Euro

In Hamburg boomt das Burgergeschäft, in allen Ecken der Stadt gibt es sie mittlerweile. Meine Favoriten sind die Burger in der Brooklyn Burger Bar (Seite 22), im Atelier F (Seite 20) sowie die im El Chanti Deli. Der kleine Laden bietet kaum Platz, um drinnen zu essen, dafür sitzt man umso schöner draußen in der Sonne am Eppendorfer Weg. Auf der Menükarte stehen Kreationen wie „The Charlie Brown Burger“ (Beef getoppt mit Erdnussbutter, Marmelade und Bacon) oder „The Lady and the Tramp Burger“ (Beef getoppt mit Hackbällchen

Burger

in Tomatensoße und Parmesan). Als Beilage können entweder Pommes, Potato Wedges oder Caesar Salad gewählt werden. Der Salat ist immer frisch und knackig, die Burger aus 100 Prozent Rindfleisch sind groß und saftig und allein schon wegen den wöchentlich neuen Kreationen kommen die Gäste gern öfter vorbei. Die Bulette (125 Gramm) kann für einen Aufpreis von 3 Euro auch in doppelter Portion bestellt werden. Als Desserts warten Softeis, Milchshakes oder Cheesecakes – jeweils ein gelungener Abschluss.

Al Volo

Internet	alvolo.de
Adresse	Eppendorfer Weg 211 (Hoheluft-West)
Telefon	43275924
Öffnungszeiten	Täglich 12–23 Uhr
Mittagstisch	Ja
Sitzplätze im Freien	Ja
Kreditkarten	EC
Schwerpunkt	Pizza
Vorspeisen	Circa 5 bis 12 Euro
Hauptspeisen	Circa 7 bis 15 Euro

Obwohl die Speisekarte auch Antipasti, Suppen und Pasta anbietet, kommen die meisten Gäste doch wegen der Pizza. Denn diese gibt es nicht nur in der normalen Größe mit 35 Zentimeter Durchmesser, sondern für den extra großen Hunger oder zum Teilen zudem mit 50 Zentimeter Durchmesser. Entweder kann der Belag selbst gewählt werden oder man entscheidet sich für Kreationen mit italienischem Rosmarinschinken und römischen Baby-Artischocken oder mit italienischem

Pizza

Speck und geräuchertem Scamorza-Käse. Außerdem gibt es einige Pizzen Bianca im Angebot, die ohne Tomatensoße zubereitet werden. Die „normale" Pizza kostet zwischen 8 und 11 Euro. Die vollständige Speisekarte kann auf der Website eingesehen werden. Das Ambiente ist okay, gegessen wird an langen Holztafeln oder Hochtischen, es ist sehr laut und meistens voll, dafür gibt es aber auch einige Plätze draußen auf dem lebendigen Eppendorfer Weg.

Café Ufer

Internet	ufer-hamburg.de
Adresse	Bismarckstraße 151 (Hoheluft-West)
Telefon	55891343
Öffnungszeiten	Mo–Fr 16–24 Uhr, Sa 14.30–24 Uhr, So 10–24 Uhr
Mittagstisch	Ja
Sitzplätze im Freien	Ja
Kreditkarten	Nein
Schwerpunkt	Spätzle, Flammkuchen & Kleinigkeiten zum Wein
Vorspeisen	Circa 4,50 bis 6,50 Euro
Hauptspeisen	9 bis 14 Euro

Als es noch Gaslampen gab, wurden früher von hier aus die Straßenlaternen für Eimsbüttel kontrolliert. Heute ist in dem kleinen Häuschen am Isekanal das Café Ufer zu finden. Regionale Küche und frische Zutaten stehen auf der Speisekarte, wobei die Schwerpunkte auf Coq au Vin (12,90 Euro), den hausgemachten Spätzle (zum Beispiel mit Chorizo, 12,50 bis 13,90 Euro) und Flammkuchen (circa 8 bis 9 Euro) liegen. Auch sehr zu empfehlen: der Ziegenkäse-Obazda (5 Euro). Neben den Speisen gibt es eine reichhaltige Getränkekarte, denn das Café ist gleichzeitig eine Weinbar. Es werden zwölf offene und 50 Flaschenweine angeboten. Ich trinke gern

Spätzle, Flammkuchen

den Vinho Verde, der an warmen Sommerabenden besonders erfrischend schmeckt. Aber genauso gut kann hier nachmittags ein Kaffee oder frischer Saft getrunken werden. Jeden Sonn- und Feiertag wird zudem Frühstück angeboten, besonders zu empfehlen ist das Winzerfrühstück für zwei für 25,50 Euro mit diversen herzhaften und süßen Köstlichkeiten inklusive Sekt. Das Café ist relativ klein innen, hat aber umso mehr Platz auf der Wiese vor dem Haus und der angrenzenden Terrasse. Das Publikum ist bunt gemischt. Es finden ab und an Kulturveranstaltungen statt, aktuelle Infos gibt es auf der Website.

Hopi

Internet	hopi-hamburg.de
Adresse	Oberstraße 3 (Harvestehude)
Telefon	4200940
Öffnungszeiten	Di–So 17 bis circa 23.30 Uhr
Küche	Bis circa 23.15 Uhr, sonn- und feiertags bis circa 21.30 Uhr
Mittagstisch	Nein
Sitzplätze im Freien	Ja
Kreditkarten	EC
Schwerpunkt	Steakhouse
Vorspeisen	Circa 4 bis 8 Euro
Hauptspeisen	9 bis 20 Euro

Wer das Essen im Block House mag, wird das Hopi lieben. Die Menükarte bietet ein ähnliches Angebot, u. a. Steak, Baked Potatoe und Knoblauchbrot zu fairen Preisen in einem gemütlichen, rustikalen Umfeld. Ein 200-Gramm-Hüftsteak inklusive Beilage kostet 11,90 Euro, der Fitnessteller mit Steaks von Rind und Pute liegt bei 14,90 Euro, Burger kosten 8,90 Euro. Vegetarier sind hier nicht gut aufgehoben und können nur auf die Bei-

Steakhouse

lagen oder Vorspeisen zurückgreifen. Der Service ist schnell und die Portionen sind gut, groß und lecker. Das kleine Restaurant ist besonders vor und nach den üblichen Kinozeiten sehr voll, denn gleich gegenüber befindet sich das Holi-Kino, und das nutzt das bunt gemischte Publikum, um sich im Hopi zu stärken. Eine Reservierung ist also (fast) immer notwendig. Im Sommer gibt es auch Sitzmöglichkeiten vor dem Restaurant.

Thai Gourmet

Adresse	Eppendorfer Weg 107 (Eimsbüttel)
Telefon	407675
Öffnungszeiten	Mo–Fr 12–15 Uhr und 18–21 Uhr, So 18–21 Uhr
Mittagstisch	Ja
Sitzplätze im Freien	Ja
Kreditkarten	Nein
Schwerpunkt	Thai-Imbiss
Vorspeisen	3 Euro
Hauptspeisen	7 bis 10 Euro

Seitdem ich den kleinen Thai-Gourmet-Imbiss im Eppendorfer Weg entdeckt habe, bin ich dort Stammgast. Für mich ist es einer der besten Thai-Imbisse der Stadt und das, obwohl der Inhaber ein Deutscher ist. Dieser steht meistens selbst am Herd und bereitet mit einem Kollegen auf engem Raum das Essen frisch zu. Das Preis-Leistungs-Verhältnis ist ausgezeichnet, da die Gerichte nicht nur vorzüglich schmecken, sondern auch

Thai-Imbiss

recht günstig sind. Ob die vegetarischen Wan Tan mit der selbst gemachten Ingwersoße (3,50 Euro), die knusprige Ente auf Gemüse (9,90 Euro) oder die Glasnudelsuppe mit Tofu (6,50 Euro) – mit viel Kochkunst ist man hier am Werk. Wenn die wenigen Hochtische in dem Imbiss gefüllt sind und zudem noch Gäste auf ihr Essen zum Mitnehmen warten, kann es manchmal etwas länger dauern. Aber es lohnt sich!

Buschmann's Croque & Crêpes

Adresse	Schulweg 32 (Eimsbüttel)
Telefon	4916252
Öffnungszeiten	Täglich 11–22 Uhr
Mittagstisch	Ja
Sitzplätze im Freien	Ja
Kreditkarten	Nein
Schwerpunkt	Croques und Crêpes
Vorspeisen	Circa 4 bis 5 Euro
Hauptspeisen	Circa 6 bis 7 Euro

Schon in meiner Kindheit habe ich in dem kleinen Laden Croques, Crêpes und Salate gegessen. Immer wenn mein Vater sich aufmachte, um uns ausnahmsweise einen Croque zum Abendessen zu besorgen, war die Freude groß. Das ist auch heute noch so, mittlerweile hole ich das Essen allerdings selbst. Mir schmeckt hier nach so vielen Jahren der Croque immer noch am besten. Mit Sicherheit liegt das auch an der vorzüglichen Knoblauchsoße. Zur Auswahl stehen viele verschiedene Kombinationen mit jeweils Knoblauch-, Spezial- oder

Croques und Crêpes

Currysoße. Außerdem werden Salate, Aufläufe und Crêpes angeboten. Jede Woche gibt es einen anderen Croque im Angebot sowie ein Menü, bestehend aus einem kleinen Croque, Crêpe und Getränk nach Wunsch, für insgesamt 5,50 Euro. Kaffee satt erhält man bei einem Aufpreis von 1 Euro. An drei Tischen kann auch im Bistro gegessen werden. Das Ambiente ist in schlichtem Holz gehalten und nichts Besonderes, aber für Singles liegen immer einige Zeitschriften parat.

Christos

Internet	restaurant-christos.info
Adresse	Osterstraße 2 (Eimsbüttel)
Telefon	43092657
Öffnungszeiten	Täglich 18–24 Uhr
Mittagstisch	Nein
Sitzplätze im Freien	Ja
Kreditkarten	EC
Schwerpunkt	Griechische Mezedes
Vorspeisen	3 bis 8 Euro
Hauptspeisen	Mezedes 4 bis 10, Tellergerichte 12 bis 15 Euro

Ein weiterer Grieche, der bevorzugt die beliebten Mezedes anbietet. Es gibt zwar auch Tellergerichte wie gegrilltes Lachssteak mit Gemüse und Salat (12,80 Euro), aber den Tisch mit den vielen kleinen Köstlichkeiten zu füllen ist besonders schön. Die Auswahl ist für Fisch- und Fleischliebhaber groß, aber auch Vegetarier werden fündig. Wir haben uns zu zweit sieben Mezedes und das köstliche Schokoladensoufflé geteilt, einen ½ Liter Weißen Burgunder sowie eine Flasche Mineralwasser getrunken und waren pappsatt. Dafür haben wir 50 Euro bezahlt. Es ist ausreichend Platz in dem gemütlichen Restaurant, genauso wie auf der überdachten Terrasse, die mit schummrigem Licht aufwartet. Ab vier Personen sollte reserviert werden.

Griechische Mezedes

Jimmy Elsass

Internet	jimmyelsass.de
Adresse	Schäferstraße 26 (Eimsbüttel)
Telefon	44195965
Öffnungszeiten	Täglich 18–1 Uhr
Küche	Bis 23 Uhr
Mittagstisch	Nein
Sitzplätze im Freien	Ja
Kreditkarten	Nein
Schwerpunkt	Flammkuchen
Vorspeisen	5 bis 7 Euro
Hauptspeisen	9 bis 10 Euro

Das Jimmy Elsass ist seit Jahren bekannt für seine über 15 schmackhaften Flammkuchen. Ob mit Datteln und Speck oder Ziegenkäse, Preiselbeeren und Schwarzwälder Schinken – die Auswahl ist groß, kreativ und lecker. Vorweg bestelle ich gern den Feldsalat mit Champignons und Speck, als Dessert sollte man unbedingt einen süßen Flammkuchen probieren. Dazu gibt es eine übersichtliche, aber delikate Weinauswahl. Das Restaurant hat trashiges Berlin-Flair mit schummrigem Licht und uriger Einrichtung. Im Sommer gibt es auch vor dem Restaurant viele Plätze und man sitzt sehr schön in der Eckstraße. Allerdings kann nur für größere Gruppen reserviert werden und gerade am Wochenende ist das Jimmy Elsass sehr gut besucht.

Flammkuchen

Mareas

Adresse	Bellealliancestraße 44 (Eimsbüttel)
Telefon	23518311
Öffnungszeiten	Mo–Sa 17–24 Uhr
Mittagstisch	Nein
Sitzplätze im Freien	Ja
Kreditkarten	Nein
Schwerpunkt	Tapas
Vorspeisen	2 bis 5 Euro
Hauptspeisen	2 bis 7 Euro

Der kleine Tapas-Laden ist besonders schön an den warmen Abenden im Jahr, denn dann kann man ganz wunderbar draußen an der Ecke Vereinsstraße/Bellealliancestraße sitzen und das Essen genießen. Datteln im Speckmantel, gebratene Chorizo, Manchego mit Marmelade, Pimientos oder Stockfisch – das Mareas bietet eine große Auswahl an spanischen Tapas an. Preislich liegen sie zwischen 2 und 7 Euro pro Schälchen. Ich habe

in meinem Leben schon viele Tapas gegessen, aber diese schmecken einfach immer sehr gut. Und auch wenn der Hunger noch so groß ist: Lieber die Speisen erst mal in einer moderaten Anzahl bestellen und gegebenenfalls nachbestellen. Im Lokal ist es von Tisch zu Tisch etwas eng und nicht so richtig gemütlich, aber je mehr Wein getrunken wird (Flasche Hauswein für 13 Euro), desto besser die Stimmung.

Corfu Grill

Adresse	Hellkamp 43 (Eimsbüttel)
Telefon	40196244
Öffnungszeiten	Di–So 13 bis circa 23 Uhr
Küche	Bis 22 Uhr
Mittagstisch	Ja
Sitzplätze im Freien	Ja
Kreditkarten	Nein
Schwerpunkt	Griechisch
Vorspeisen	Circa 3 bis 7 Euro
Hauptspeisen	Circa 4 bis 12 Euro

Manchmal muss es einfach deftiges Essen sein und da sind wir bei dem kleinen Griechen genau richtig. Von außen sieht der Corfu Grill nach einem Imbiss mit Anbau aus, innen bieten zwei kleine Räume den Gästen Platz. Die Bierbänke vor dem Imbiss werden an warmen Abenden ebenfalls als Sitzgelegenheiten genutzt. In der offenen Imbissküche geht es stets hektisch zu und viele Kunden warten auf ihr Essen zum Mitnehmen, aber die Stimmung in typisch griechischem Ambiente ist gut und der Service aufmerksam. Fleischliebhaber kommen hier voll auf ihre Kosten, denn die Portionen mit Gyros, Bifteki oder Lammkoteletts sind riesig. Das Preis-Leistungs-Verhältnis ist unschlagbar. Die günstigste Variante ist eindeutig Gyros Pita für 3,50 Euro, und selbst das ist kaum zu schaffen.

Griechisch

Rotherbaum (Univiertel)

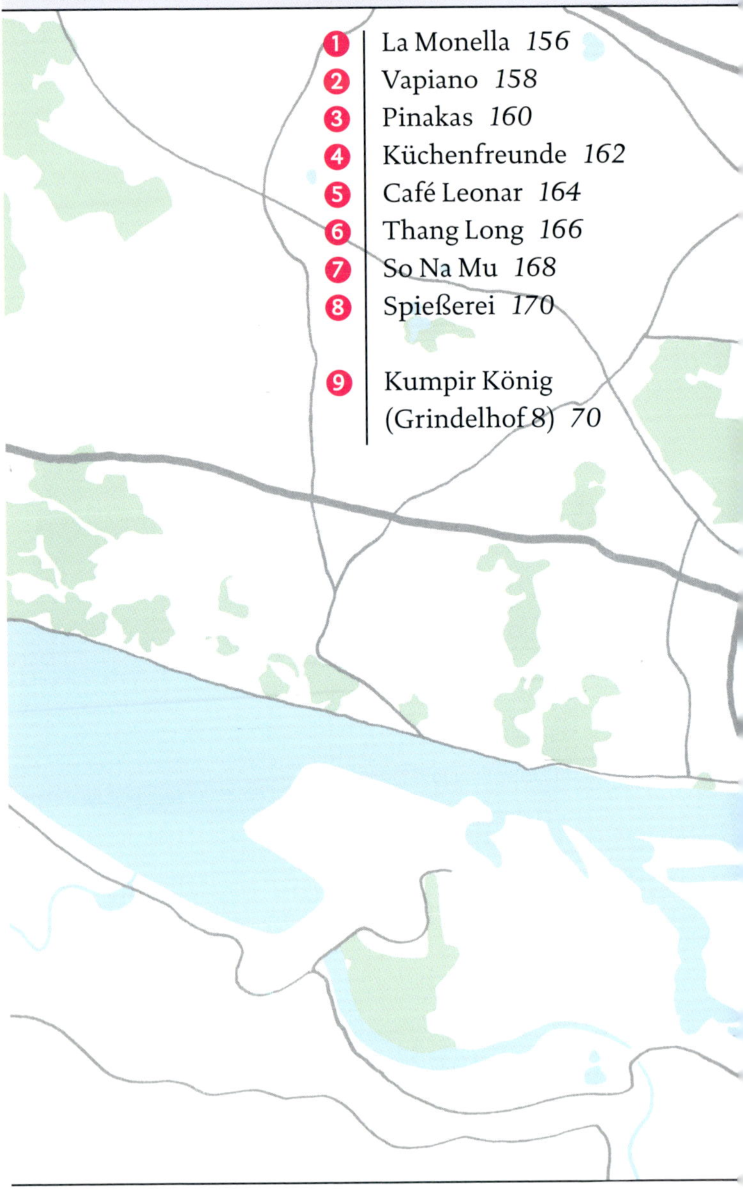

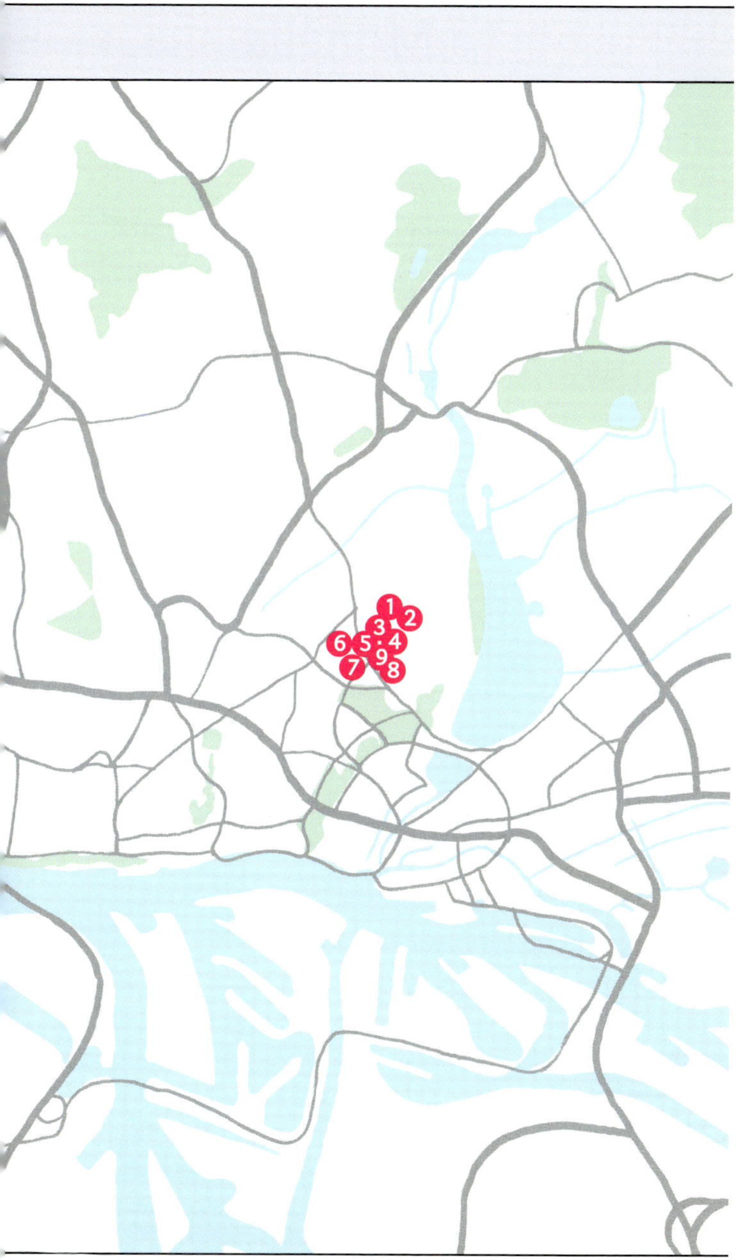
1
2
3
4
5
6
7
8
9

La Monella

Internet	lamonella.de
Adresse	Hallerplatz 12
Telefon	456162
Öffnungszeiten	Mo–Fr 12–15 Uhr und 18–23 Uhr, Sa 18–23 Uhr
Mittagstisch	Ja
Sitzplätze im Freien	Ja
Kreditkarten	EC
Schwerpunkt	Italienisch-vegetarisch
Vorspeisen	4 bis 10 Euro
Hauptspeisen	8 bis 15 Euro

Das La Monella hat sich auf die vegetarische italienische Küche spezialisiert. Auf den ersten Blick fällt das kaum auf, denn die Menükarte bietet die üblichen Klassiker von Bruschetta (3,90 Euro) über Insalata Mista bis Pizza (8 bis 10 Euro) und Pasta (8 bis 17 Euro). Doch bei genauerem Hinsehen fällt auf, dass weder Fisch noch Fleisch dazugehören. Auf der handgeschriebenen Tafel stehen die Tagesgerichte, die etwas kreativer und exklusiver sind: Risotto mit gebratenen Feigen und Trüffel

Italienisch-vegetarisch

kostet 15,50 Euro und gebratener Ziegenkäse auf Spinat-Mango-Bett mit Heidelbeersoße liegt bei 13,50 Euro. Der Mittagstisch von 12 bis 15 Uhr kostet 7,90 Euro. Ob mittags oder abends: Mir schmeckt das Essen immer sehr gut. Auf Wunsch werden alle Speisen auch laktosefrei oder vegan zubereitet. Es gibt einige Plätze im Freien, das Restaurant selbst ist angenehm eingerichtet und bietet eine schöne Atmosphäre. Abends sollte reserviert werden.

Vapiano

Internet	vapiano.de
Adresse	Rothenbaumchaussee 76
Telefon	36111780
Öffnungszeiten	So–Mi 10–24 Uhr, Do–Sa 10–1 Uhr
Mittagstisch	Ja
Sitzplätze im Freien	Ja
Kreditkarten	Ja
Schwerpunkt	Pizza, Pasta, Salat
Vorspeisen	Circa 2,50 bis 8 Euro
Hauptspeisen	6,50 bis 9,50 Euro

Das Vapiano ist ein Italiener der anderen Art. Hier wird Systemgastronomie betrieben, aber das auf hohem Niveau – jedenfalls sehen das täglich jede Menge Gäste so. Der Ablauf ist hier anders als üblich: Jeder Besucher erhält eine Chipkarte, auf die die bestellten Speisen und Getränke gebucht werden. Erst beim Verlassen des Restaurants wird gezahlt. Es gibt kein Service-Personal, sondern die Gäste wählen ihr Essen am entsprechenden Tresen aus, wo es vor ihren Augen frisch zubereitet wird. Zur Auswahl gibt es Pizza, Pasta, Salat und Desserts. Pizza und Pasta sind jeweils in vier Preiskategorien aufgeteilt: A (6,50 Euro), B (7,50 Euro), C (8,50 Euro)

und D (9,50 Euro). Frische Kräuter und Knoblauchöl stehen an den Tischen zur Selbstbedienung bereit. Hier weiß man, was man bekommt: Die Qualität der Speisen ist in allen Filialen gut und gleichbleibend. Obwohl das Vapiano ziemlich groß ist, sind die Tische besonders zur Mittags- und Abendzeit meistens bis auf den letzten Platz belegt. Es kann nicht reserviert werden, Tische müssen grundsätzlich geteilt werden, dafür gibt es aber auch immer einige Plätze draußen. Es ist stets sehr viel los. Weitere Vapiano-Filialen finden Sie in der Innenstadt (Kurze Mühren 20 und Hohe Bleichen 10).

Pinakas

Internet	restaurant-pinakas.de
Adresse	Grindelhof 64
Telefon	18102375
Öffnungszeiten	Di–So 17–24 Uhr
Mittagstisch	Nein
Sitzplätze im Freien	Nein
Kreditkarten	Nein
Schwerpunkt	Mezedes (griechische Tapas)
Vorspeisen	3 bis 7 Euro
Hauptspeisen	Circa 11 bis 17 Euro

Im Pinakas werden weder Gyros noch Moussaka serviert, sondern hauptsächlich jede Menge kalte und warme griechische Tapas, sogenannte Mezedes. Gemüse, Käse, Meeresfrüchte und Fleischspezialitäten werden auf kleinen Tellern gebracht und kosten zwischen 3 bis 7 Euro. Ob gebratene Zucchini-Puffer (3,90 Euro), gefüllte Kalamari mit Spinat und Käse (5,30 Euro) oder Hackfleischbällchen in Tomatensoße (4,90 Euro) – das Essen ist hochwertig und schmeckt köstlich. Ich kann empfehlen, sich den Tisch mit Mezedes zu füllen

Mezedes (griechische Tapas)

und zu genießen. Wer sich aber ein großes Tellergericht wünscht, wird hier ebenfalls fündig: Die Kotopoulo-Souvlaki (Hähnchenspieße gegrillt, mit Rosmarinkartoffeln, Gemüse und Salat) gibt es beispielsweise für 11,80 Euro oder Stifado (gekochtes Rindfleisch in pikanter Soße, mit Schalotten und Salat) für 12,10 Euro. Der Nachtisch (Teigbällchen mit Vanilleeis, Honig und Zimt) geht gern mal aufs Haus. Das Ambiente ist schlicht, aber hier kann man ganz wunderbar einen schönen Abend zu zweit oder viert verbringen.

Küchenfreunde

Internet	kuechenfreunde.net
Adresse	Grindelhof 64
Telefon	45000838
Öffnungszeiten	Mo–Fr 12–15 Uhr und 17.30–22 Uhr, Sa 17.30–22 Uhr
Mittagstisch	Ja
Sitzplätze im Freien	Ja
Kreditkarten	Nein
Schwerpunkt	Liebevolles Bistro
Vorspeisen	Circa 4,50 Euro
Hauptspeisen	7 bis 20 Euro

Die zwei Inhaber Johannes Schröder und Thomas Mayer haben früher im Hyatt Hotel gekocht und mittlerweile ihr eigenes Bistro eröffnet. Es mag ein Vorurteil sein, aber man kann gar nicht recht glauben, dass der kleine Laden von zwei Männern betrieben wird, wenn man ihn das erste Mal betritt. Liebevoll eingerichtet, mit kleinen Details und schönem Ambiente – man fühlt sich hier sofort wohl. Und den Speisen sieht man auch an, dass sie mit Liebe gekocht werden. Täglich gibt es unterschiedliche Mittagsgerichte (8,90 Euro), die ebenfalls

Liebevolles Bistro

als Lunch-Menü für 13 Euro bestellt werden können. Das Menü beinhaltet das Tagesgericht, einen Softdrink sowie ein Dessert nach Wahl. Abends stehen kleine Gerichte wie Currywurst, Carpaccio oder Salat auf der Speisekarte, aber auch für den größeren Hunger ist mit Burgern, Hüftsteaks oder Schnitzeln etwas dabei. Letzteres übersteigt teilweise etwas unser Budget, aber es schmeckt so gut, dass wir mal ein Auge zudrücken. Die Tageskarte ist auf der Website einzusehen.

Café Leonar

Internet	cafeleonar.de
Adresse	Grindelhof 59
Telefon	41353011
Öffnungszeiten	Mo–Do 8–24 Uhr, Fr 8–1 Uhr, Sa 9–1 Uhr, So 9–22 Uhr
Mittagstisch	Ja
Sitzplätze im Freien	Ja
Kreditkarten	EC
Schwerpunkt	Moderne Küche nach jüdischer Art
Vorspeisen	Circa 3 bis 7 Euro
Hauptspeisen	Circa 7 bis 15 Euro

Eines der ersten jüdischen Cafés in Hamburg nach dem Zweiten Weltkrieg ist das Café Leonar. Es hat seitdem zwar schon einige Male den Standort gewechselt, mittlerweile aber ein besonders schönes Plätzchen mit großer Terrasse im Grindelhof gefunden. Und hier kann man den ganzen Tag speisen: Neben dem beliebten Frühstück und köstlichem Kuchen werden kleine, zum Teil koschere Speisen und eine Abendkarte angeboten. Frühstück gibt es täglich bis 15 Uhr, Mittagstisch in der

Woche von 12 bis 15 Uhr und ab 18 Uhr die Abendkarte. Auf dieser finden sich neben den beliebten Mezze-Vorspeisen (jeweils zwischen 3 und 4,50 Euro) auch Pasta (12,80 Euro) und Schnitzel (14,80 Euro). Das Leonar hat aber noch mehr zu bieten, denn hier finden regelmäßig Lesungen, Livemusik und weitere Veranstaltungen statt. Das Café ist meistens gut besucht und dennoch ein Ort zum Abschalten und Genießen.

Thang Long

Adresse	Grindelallee 91
Telefon	68876621
Öffnungszeiten	Mo–Do 12–16 Uhr und 17–22 Uhr, Fr–Sa 12–16 Uhr und 17–23 Uhr, So und feiertags 16–22 Uhr
Mittagstisch	Ja
Sitzplätze im Freien	Ja
Kreditkarten	EC
Schwerpunkt	Vietnamesisch
Vorspeisen	3 bis 7 Euro
Hauptspeisen	8 bis 15 Euro

Zur Mittagszeit ist das Restaurant von Geschäftsleuten aus der Gegend besucht und abends sitzen hier Pärchen sowie Familien, die sich vietnamesisch bekochen lassen. Ob eine würzige Pho-Suppe, Tofu und Gemüse in Kokosmilch oder frische Sommerrollen – die Auswahl ist recht groß. Gekocht wird mit Kräutern wie Koriander und Basilikum sowie Gewürzen wie Ingwer und Zitronengras, der gewünschte Schärfegrad kann angegeben werden. Vegetarier, Fleisch- und Fischesser kommen

Vietnamesisch

voll auf ihre Kosten. Das Ambiente im Restaurant ist schlicht und es gibt hauptsächlich Zweier- oder Vierer-Tische sowie ein paar Holzbänke vor der Tür. Die Preise für die Portionen sind sehr fair. Kleine Snacks gibt es bereits ab 3 Euro, und die Hauptgerichte liegen meistens um die 8 bis 12 Euro. Von 12 bis 16 Uhr wird montags bis samstags ein Mittagstisch inklusive einer kleinen Suppe, Salat oder Frühlingsrollen für circa 6,90 Euro angeboten.

So Na Mu

Internet	sonamu.de
Adresse	Grindelallee 89
Telefon	41308884
Öffnungszeiten	Mo–Sa 11.30–24 Uhr, So 14–24 Uhr
Mittagstisch	Ja
Sitzplätze im Freien	Nein
Kreditkarten	Nein
Schwerpunkt	Koreanisch
Vorspeisen	3 bis 5 Euro
Hauptspeisen	5 bis 9 Euro

Schiebetüren öffnen sich und man steht direkt vor der Theke inklusive Küche. Ein älteres Ehepaar bereitet engagiert die Speisen zu. Über eine kleine Treppe gelangt man in den Speiseraum. Die Atmosphäre ist angenehm, auch wenn man dem Restaurant nicht unbedingt ein besonders schönes Ambiente nachsagen kann, aber deshalb kommt auch niemand her. Hier wird koreanisches Essen auf hohem Niveau zu günstigen Preisen angeboten. Mittags ist der kleine Raum gut gefüllt und weitere Speisen werden „to go“ mitgenommen, auch

Koreanisch

abends sitzen hier viele Gäste und freuen sich über Bibimbap (ein warm-kalter Salat mit Reis und Fleisch oder Tofu), die „Ente Spezial" mit Knoblauch und Ingwer oder das Nationalgericht Bulgogi (eingelegtes Rindfleisch auf einer heißen Platte kurz angeschmort) – die Zubereitung und Würzung sind stets hervorragend. Es gibt nur zwei Weine zur Auswahl, aber dies ist auch kein Ort für lange Abende – obwohl das Essen dazu verführen könnte.

Spießerei

Internet	spiesserei.de
Adresse	Grindelallee 32
Telefon	36111284
Öffnungszeiten	Mo–Sa 11.30–22.30 Uhr
Mittagstisch	Ja
Sitzplätze im Freien	Ja
Kreditkarten	Nein
Schwerpunkt	Spieße jeglicher Art
Vorspeisen	1 bis 3 Euro
Hauptspeisen	7 bis 15 Euro

Wie es der Name verrät, dreht sich hier alles um den Spieß. Ob Hähnchen, Scampi oder Haloumi – das Essen wird gewürzt, gegrillt und vom Spieß verspeist. Bis 17 Uhr gibt es den preisgünstigen Mittagstisch, die Gerichte kosten zwischen 5 und 8 Euro. Ab 17 Uhr kann von der Abendkarte gewählt werden, zum Beispiel der Hähnchenteller (vier Hähnchenspieße, Pommes, Salat und Dip) für 8,50 Euro oder der vegetarische Teller mit Gemüse-Champion- und Haloumi-Spießchen für 8,90 Euro. Natürlich können die Spieße inklusive der Würze auch nach eigenen Wünschen zusammengestellt werden. Donnerstags bis samstags ist ab 21 Uhr Happy Hour, diverse Longdrinks gibt es dann für 4,90 Euro. Das Publikum besteht aus Studenten und solchen, bei denen es mal wieder schnell gehen muss. Die Atmosphäre ist nett und jung und es gibt einige Holzbänke und -tische vor der Tür, die szenig in der prallen Sonne stehen, wenn sie denn scheint.

Spieße jeglicher Art

Hohenfelde,

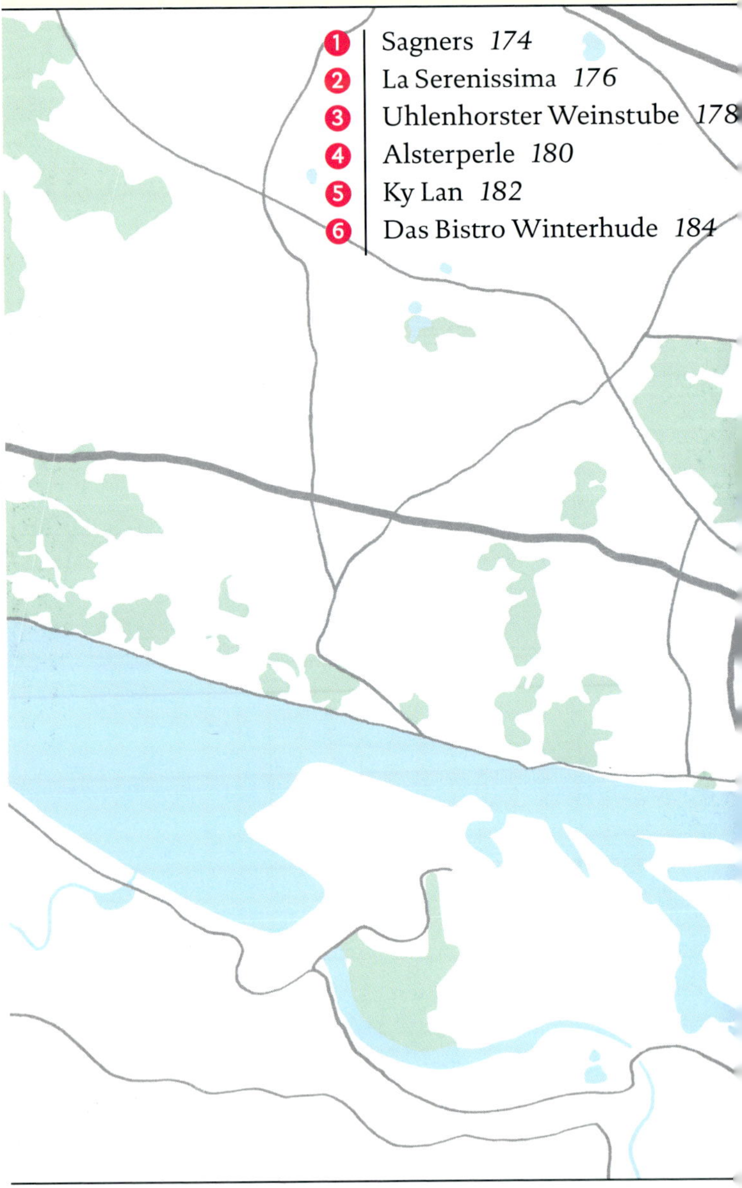
1 Sagners *174*
2 La Serenissima *176*
3 Uhlenhorster Weinstube *178*
4 Alsterperle *180*
5 Ky Lan *182*
6 Das Bistro Winterhude *184*

Uhlenhorst, Winterhude

Sagners

Internet	sagners.de
Adresse	Barcastraße 8 (Hohenfelde)
Telefon	2803451
Öffnungszeiten	Di–Fr 17–23 Uhr, Sa 15–23 Uhr, So 15–22 Uhr
Mittagstisch	Nein
Sitzplätze im Freien	Ja
Kreditkarten	EC
Schwerpunkt	Deutsche Küche
Vorspeisen	5 bis 12 Euro
Hauptspeisen	8,50 bis 15 Euro

Das Sagners ist kein Restaurant, auf das man zufällig stößt – und das ist sehr schade! Auch wenn der Standort nur wenige Meter von der Außenalster entfernt ist, befindet sich dazwischen doch eine große Hauptstraße mit viel Verkehr. Wer an einem der zwei Tische im Freien sitzen möchte, hat zwar einen Blick auf Fernsehturm und Wasser, aber auch Motorengeräusche in den Ohren. Mich stört das nicht. Das kleine Restaurant ist urig und gemütlich eingerichtet. Das Ehepaar Sagner bedient und kocht hier selbst – und das mit viel Freude und Freund-

lichkeit. Vorweg wird ein kleiner Gruß aus der Küche serviert. Auf der Karte stehen Kleinigkeiten, wie zum Beispiel Weinbergschnecken (6,50 Euro) oder gebackener Schafskäse mit Preiselbeeren (7,50 Euro), und als Hauptspeisen unter anderem hausgemachtes Sauerfleisch (9,50 Euro), Labskaus (12,50 Euro) oder Pasta-Gerichte (8,50 bis 13,50 Euro). Die Speisen sind hochwertig zubereitet und perfekt abgeschmeckt. Am Wochenende sollte aufgrund der geringen Platzanzahl reserviert werden.

La Serenissima

Adresse	Ifflandstraße 92 (Hohenfelde)
Telefon	2204908
Öffnungszeiten	So–Fr 10–22 Uhr
Mittagstisch	Ja
Sitzplätze im Freien	Ja
Kreditkarten	Nein
Schwerpunkt	Italienisch
Vorspeisen	4 bis 6 Euro
Hauptspeisen	5,50 bis 18 Euro

Seit 1989 betreiben Eddi und Luciano das La Serenissima weit abseits des Szenetrubels. Klingt merkwürdig, doch gerade das macht es so sympathisch: Tagsüber werden hier diverse Eis-Sorten serviert und abends wird der Italiener als gemütliche Trattoria genutzt. Antipasti, Pasta und Pizza (ab 5,50 Euro) stehen auf der Speisekarte, die handgeschriebene Tafel zeigt die Tageskarte mit Fleisch- und Fischspezialitäten – je nachdem, was es Gutes auf dem Großmarkt zu kaufen gab, wird hier aufgetischt. Risotto mit frischen Scampi ist für 9,50 Euro genauso dabei wie Rumpsteak auf Rucola für 15 Euro. Die Inneneinrichtung ist schon ein paar Jahre alt, aber draußen gibt es auch Plätze. Ob als Pärchen, mit den Eltern oder in der Gruppe – das La Serenissima ist ein Ort für jeden, der nicht viel Wert auf Schickimicki legt, sondern eine familiäre Atmosphäre und ehrliche Küche schätzt.

Italienisch

Uhlenhorster Weinstube

Internet	uhlenhorster-weinstube.de
Adresse	Papenhuder Straße 29 (Uhlenhorst)
Telefon	2200250
Öffnungszeiten	Mo–Sa ab 17 Uhr
Küche	Bis 23.30 Uhr
Mittagstisch	Nein
Sitzplätze im Freien	Ja
Kreditkarten	EC
Schwerpunkt	Flammkuchen, Käse, Weinrestaurant
Vorspeisen	4,50 bis 7,50 Euro
Hauptspeisen	8 bis 18 Euro

Die Uhlenhorster Weinstube bietet Speisen an, die hervorragend zu Weinen aus aller Welt passen. Ob knusprige Flammkuchen mit Ziegenkäse, Walnüssen und Honig (9,80 Euro) oder mit Blattspinat, Schafskäse und Räucherlachs (10,80 Euro), aber auch die unterschiedlichen köstlichen Käseplatten (4,50 bis 14,50 Euro) oder das reichliche Käsefondue (15,80 Euro pro Person) ergänzen sich perfekt zu der großen Weinauswahl. Urig

Flammkuchen, Käse, Weinrestaurant

und gemütlich sitzt man an Holztischen und in kleinen privaten Ecken. Es wird gespeist, getrunken und gelacht. Vor dem Restaurant gibt es einige Tische im Freien, die umgeben von Weinranken bei gutem Wetter zu einem Lieblingsplätzchen werden können. Der Service ist schnell und freundlich. Ob zu zweit oder in kleinen Gruppen – hier kann jeder einen langen, schönen Abend verbringen.

Alsterperle

Internet	alsterperle.com
Adresse	Eduard-Rhein-Ufer 1 (Uhlenhorst)
Telefon	22748273
Öffnungszeiten	Täglich ab 8 Uhr, im Winter bis mindestens 21 Uhr, im Sommer Open End
Mittagstisch	Ja
Sitzplätze im Freien	Ja
Kreditkarten	Nein
Schwerpunkt	Kiosk mit Ausblick
Speisen	3,50 bis 5,50 Euro

Die Alsterperle besucht man nicht aufgrund der herausragenden Küche, sondern um den wunderbaren Ausblick auf die Außenalster zu genießen. Zwischen Schilf und Bäumen sitzen die Gäste auf den wenigen Plätzen quasi direkt am Wasser und genießen Kaltgetränke beim Anblick des Hamburger Sonnenuntergangs. In dem ehemaligen Klohäuschen gibt es per Selbstbedienung Snacks wie Sandwiches, Erbsensuppe mit Würst-

Kiosk mit Ausblick

chen (3,50 Euro) oder Salate (5,50 Euro) zu kaufen, und im Sommer kommen die Würstchen vom Grill. Die Alsterperle ist einer der schönsten Plätze am Wasser, denn bei der Konkurrenz stimmt oft das Preis-Leistungsverhältnis nicht oder es handelt sich um höherpreisige Restaurants. Und wenn es keinen freien Stuhl mehr gibt, ist bestimmt noch jede Menge Platz auf der Alsterwiese nebenan zu finden.

Ky Lan

Internet	kylan.de
Adresse	Dorotheenstraße 186 (Winterhude)
Telefon	46776993
Öffnungszeiten	Mo–Fr 11.30–16 und 18–22 Uhr, Fr bis 23 Uhr, Sa 18–23 Uhr, So und feiertags 17–22 Uhr
Mittagstisch	Ja
Sitzplätze im Freien	Ja
Kreditkarten	Nein
Schwerpunkt	Vietnamesisch
Vorspeisen	Circa 3 bis 7 Euro
Hauptspeisen	9 bis 12 Euro

Bei dem Vietnamesen bin ich regelmäßig zum Mittagessen, das Preis-Leistungs-Verhältnis – besonders das des Mittagstischs – ist optimal. Montags bis freitags gibt es bis 16 Uhr sechs Gerichte zur Auswahl, inklusive Suppe, Salat oder Frühlingsrollen, für circa 6,90 Euro. Aber auch abends zeigt ein Blick auf die Karte, dass das Angebot köstlich ist und die Preise dabei fair bleiben. Ob eine würzige Pho-Suppe, knusprige Ente oder ein Glasnudelsalat – die Auswahl ist groß und auch Vegetarier finden hier jede Menge Speisen. Das Essen schmeckt frisch, ist gut gewürzt und sehr lecker. Das Personal ist stets aufmerksam und freundlich und macht den Aufenthalt zu einer noch schöneren Angelegenheit. Im Restaurant gibt es hauptsächlich Zweier- und teilweise Vierer-Tische sowie einige Bänke vor der Tür.

Vietnamesisch

Das Bistro Winterhude

Internet	dasbistrowinterhude.de
Adresse	Alsterdorfer Straße 37 (Winterhude)
Telefon	20201060
Öffnungszeiten	Täglich 11–23 Uhr
Mittagstisch	Ja
Sitzplätze im Freien	Ja
Kreditkarten	Nein
Schwerpunkt	Croques, Pizza, Pasta
Vorspeisen	Circa 3 bis 6 Euro
Hauptspeisen	6 bis 8 Euro

Früher lag das Bistro direkt am Winterhuder Marktplatz, mittlerweile ist es ein paar Meter weiter in der Alsterdorfer Straße zu finden. Seit 1985 bieten die Inhaber Croque, Pizza und Pasta an und meistens ist es in dem kleinen Laden ausgesprochen voll. Die Gäste speisen an den wenigen Tischen oder warten auf ihr Essen zum Mitnehmen. Es gibt italienische Pasta, Pizza, Salat und Croque – alles ausgesprochen lecker. Die Stimmung ist

Croques, Pizza, Pasta

gut, aber bei großem Andrang kann es vorkommen, dass man ein bisschen länger auf sein Essen warten muss. Dafür wird alles frisch zubereitet. Das Preis-Leistungs-Verhältnis ist top: Ob Hawaii, Tonno oder vegetarisch – die köstlichen Croques kosten um die 5 Euro, Pasta liegt bei 6 bis 7 Euro und Salate belaufen sich auf unter 6 Euro. Auch ein Blick auf die Tageskarte lohnt sich, alle Speisen sind zudem auf der Website einzusehen.

Register

A bis Z
A Varina 38
Al Volo 136
Alsterperle 180
Atelier F 20
Azeitona 84
Befried 64
Bistro Due 128
Bock Treffpunkt Imbiss 30
Brooklyn Burger Bar 22
Bullerei Deli 72
Buschmann's Croque & Crêpes 144
Café de zmarten Panter 88
Café Katelbach 114
Café Leonar 164
Café Ufer 138
Christos 146
Corfu Grill 152
Cuore Mio 110
Curry Queen 42
Das Bistro Winterhude 184
Deniz Imbiss 60
Die Pizzeria 124
Dos Amigos 12
El Andaluz 132
El Chanti Deli 134
El Iberico 100
Erika's Eck 74
Feld's Salat 16
Hatari Pfälzer Stube 82
Hopi 140
Jimmy Elsass 148
Kajüte S. B. 12 120
Kleine Pause 54
König 106
Krug 56
Küchenfreunde 162
Kumpir König 70
Ky Lan 182
La Locanda 18
La Monella 156
La Serenissima 176
Luigi's 36
Magris 130
Maharaja 58
Man Wah 62
Mar y Sol 104
Mareas 150
Marend 86
Mehl 94
Mikawa (Bok) 78
Mr. Kebab 52
Nostalgia 112
Oberhafenkantine 44
Oberstübchen 34
O-Ren Ishii 24
Peacetanbul 90
Pinakas 160
Pizza al Taglio Via Vai 96
Ponton op'n Bulln 118
Quan Do 26
Reizküche 126
Restaurant FuH 116
Ribatejo 108
Sagners 174
Schmitt Foxy Food 80
Scotty's Ottensen 102
Slim Jims 50
So Na Mu 168
Souperia 76
Spießerei 170
Taverna Sotiris 98
Teheran 28
Thai Gourmet 142
Thang Long 166
The Bird 66
Ti Breizh 40
Uhlenhorster Weinstube 178
Vapiano 158
Veddeler Fischgaststätte 46
Zum Spätzle 14

Bar
Brooklyn Burger Bar 22
Café Ufer 138
Dos Amigos 12
El Iberico 100
Kleine Pause 54
König 106
Krug 56
Mar y Sol 104
Mareas 150
Mehl 96
Peacetanbul 90
Scotty's Ottensen 102
Spießerei 170

Café
Café de zmarten Panter 88
Café Katelbach 114
Café Leonar 164
Café Ufer 138
Mar y Sol 104
Oberhafenkantine 44
Oberstübchen 34
Ponton op'n Bulln 118
Ribatejo 108

Imbiss/Bistro
Alsterperle 180
Befried 64
Bistro Due 128
Bock Treffpunkt Imbiss 30
Bullerei Deli 72
Buschmann's Croque & Crêpes 144
Café de zmarten Panter 88
Corfu Grill 152
Curry Queen 42
Das Bistro Winterhude 184
Deniz Imbiss 60
El Chanti Deli 134
Erika's Eck 74
Feld's Salat 16
Kajüte S. B. 12 120
Kleine Pause 54

König 106
Küchenfreunde 162
Kumpir König 70
Magris 130
Marend 86
Mr. Kebab 52
Oberhafenkantine 44
O-Ren Ishii 24
Pizza al Taglio Via Vai 96
Ponton op'n Bulln 118
Sagners 174
Schmitt Foxy Food 80
Slim Jims 50
Souperia 76
Thai Gourmet 142
Veddeler Fischgaststätte 46
Zum Spätzle 14

Restaurant
A Varina 38
Al Volo 136
Atelier F 20
Azeitona 84
Brooklyn Burger Bar 22
Bullerei Deli 72
Christos 146
Cuore Mio 110
Die Pizzeria 124
Dos Amigos 12
El Andaluz 132
El Iberico 100
Erika's Eck 74
Hatari Pfälzer Stube 82
Hopi 140
Jimmy Elsass 148
Krug 56
Ky Lan 182
La Locanda 18
La Monella 156
La Serenissima 176
Luigi's 36
Maharaja 58
Man Wah 62
Mareas 150
Mehl 94
Mikawa (Bok) 78
Mr. Kebab 52
Nostalgia 112
Oberhafenkantine 44
Oberstübchen 34
Peacetanbul 90
Pinakas 160
Quan Do 26
Reizküche 126
Restaurant FuH 116
Ribatejo 108
Sagners 174
Scotty's Ottensen 102
Slim Jims 50
So Na Mu 168
Spießerei 170
Taverna Sotiris 98
Teheran 28
Thang Long 166
The Bird 66
Ti Breizh 40
Uhlenhorster Weinstube 178
Vapiano 158
Veddeler Fischgaststätte 46

Amerikanisch
Atelier F 20
Brooklyn Burger Bar 22
El Chanti Deli 134
Hopi 140
The Bird 66

Arabisch
Azeitona 84

Chinesisch
Man Wah 62

Deutsch
Bock Treffpunkt Imbiss 30
Café Ufer 138
Erika's Eck 74
Feld's Salat 16
Hatari Pfälzer Stube 82
Kajüte S. B. 12 120
Oberhafenkantine 44
Oberstübchen 34
Ponton op'n Bulln 118
Restaurant FuH 116
Sagners 174
Spießerei 170

Elsässisch
Jimmy Elsass 148

Französisch
Atelier F 20
Buschmann's Croque & Crêpes 144
Ti Breizh 40

Griechisch
Christos 146
Corfu Grill 152
Nostalgia 112
Pinakas 160
Taverna Sotiris 98

Indisch
Maharaja 58

Register

Italienisch
Al Volo 136
Cuore Mio 110
Das Bistro Winterhude 184
Die Pizzeria 124
La Locanda 18
La Monella 156
La Serenissima 176
Luigi's 36
Magris 130
Pizza al Taglio Via Vai 96
Vapiano 158

Japanisch
Mikawa (Bok) 78

Jüdisch
Café Leonar 164

Koreanisch
Mikawa (Bok) 78
So Na Mu 168

Koscher
Café Leonar 164

Mediterran
Café Katelbach 114
Luigi's 36

Mexikanisch
Dos Amigos 12

Persisch
Teheran 28

Pfälzisch
Hatari Pfälzer Stube 82

Portugiesisch
A Varina 38
Ribatejo 108

Schwäbisch
Café Ufer 138
Zum Spätzle 14

Spanisch
El Andaluz 132
El Iberico 100
Mar y Sol 104
Mareas 150

Thailändisch
Mikawa (Bok) 78
Thai Gourmet 142

Tirolerisch
Marend 86

Türkisch
Deniz Imbiss 60
Kumpir König 70
Mr. Kebab 52
Peacetanbul 90

Vietnamesisch
Ky Lan 182
O-Ren Ishii 24
Quan Do 26
Reizküche 126
Thang Long 166

Antipasti
Al Volo 136
La Serenissima 176
Magris 130
Mehl 94

Burger
Atelier F 20
Befried 64
Brooklyn Burger Bar 22
Bullerei Deli 72
El Chanti Deli 134
Hatari Pfälzer Stube 82
Hopi 140
Kleine Pause 54
Küchenfreunde 162
Peacetanbul 90
The Bird 66

Crêpes
Buschmann's Croque & Crêpes 144
Ti Breizh 40

Croques
Bistro Due 128
Buschmann's Croque & Crêpes 144
Das Bistro Winterhude 184

Currywurst
Curry Queen 42
Kleine Pause 54
Küchenfreunde 162
Schmitt Foxy Food 80

Delikatessen
König 106

Döner
Befried (vegan) 64
Deniz Imbiss 60
Mr. Kebab 52

Register

Fast Food
Befried 64
Erika's Eck 74
Kleine Pause 54
Mr. Kebab 52
Schmitt Foxy Food 80

Fisch
A Varina 38
Bistro Due 128
Café Katelbach 114
Christos 146
El Andaluz 132
El Iberico 100
Kajüte S. B. 12 120
Krug 56
La Serenissima 176
Man Wah 62
Nostalgia 112
Ponton op'n Bulln 118
Reizküche 126
Restaurant FuH 116
Scotty's Ottensen 102
Thang Long 166
Uhlenhorster Weinstube 178
Veddeler Fischgaststätte 46

Flammkuchen
Café Ufer 138
Hatari Pfälzer Stube 82
Jimmy Elsass 148
König 106
Uhlenhorster Weinstube 178

Fleisch
Bullerei Deli 72
Café Katelbach 114
Christos 146
Corfu Grill 152
El Andaluz 132
Hopi 140
Küchenfreunde 162
La Serenissima 176
Mikawa (Bok) 78
Nostalgia 112
Peacetanbul 90
Pinakas 160
Reizküche 126
Sagners 174
Scotty's Ottensen 102
So Na Mu 168
Spießerei 170
Taverna Sotiris 98
Teheran 28
Thang Long 166
The Bird 66

Hausmannskost/ Deftig
Bock Treffpunkt Imbiss 30
Café Ufer 138
Erika's Eck 74
Hatari Pfälzer Stube 82
Kajüte S. B. 12 120
Krug 56
Marend 86
Oberhafenkantine 44
Oberstübchen 34
Ponton op'n Bulln 118
Zum Spätzle 14

Kumpir
Kumpir König 70

Pasta
Al Volo 136
Atelier F 20
Bistro Due 128
Café Leonar 164
Cuore Mio 110
Das Bistro Winterhude 184
Die Pizzeria 124
Krug 56
La Locanda 18
La Monella 156
La Serenissima 176
Luigi's 36
Magris 130
Mehl 94
Pizza al Taglio Via Vai 96
Sagners 174
Scotty's Ottensen 102
Vapiano 158

Pide
Deniz Imbiss 60

Pizza
Al Volo 136
Bistro Due 128
Café de zmarten Panter 88
Café Katelbach 114
Cuore Mio 110
Das Bistro Winterhude 184
Die Pizzeria 124
Dos Amigos (mex.) 12
La Locanda 18
La Monella 156
La Serenissima 176
Luigi's 36
Mehl 94
Pizza al Taglio Via Vai 96
Scotty's Ottensen 102
Slim Jims 50
Vapiano 158

Salate
A Varina 38
Alsterperle 180
Atelier F 20
Bistro Due 128
Brooklyn Burger Bar 22
Buschmann's Croque & Crêpes 144
Café de zmarten Panter 88
Christos 146
Das Bistro Winterhude 184
Die Pizzeria 124
Dos Amigos 12
El Chanti Deli 134
Feld's Salat 16

Jimmy Elsass 148
Küchenfreunde 162
Ky Lan 182
La Locanda 18
La Monella 156
Mar y Sol 104
Mehl 94
O-Ren Ishii 24
Pinakas 160
Pizza al Taglio Via Vai 96
Reizküche 126
Scotty's Ottensen 102
So Na Mu 168
The Bird 66
Vapiano 158

Steaks
Brooklyn Burger Bar 22
Bullerei Deli 72
Christos 146
Hopi 140
Küchenfreunde 162
La Serenissima 176
The Bird 66

Suppen
Al Volo 136
Alsterperle 180
Ky Lan 182
Man Wah 62
Reizküche 126
Scotty's Ottensen 102
Souperia 76
Thai Gourmet 142
Thang Long 166

Tapas/Mezedes
Café Leonar 164
Christos 146
El Andaluz 132
El Iberico 100
Mar y Sol 104
Mareas 150
Nostalgia 112
Pinakas 160
Ribatejo 108
Taverna Sotiris 98

Für Veganer
Azeitona 84
Befried 64
La Monella 156
Zum Spätzle 14

Für Vegetarier
Azeitona 84
Befried 64
Brooklyn Burger Bar 22
Christos 146
Curry Queen 42
Das Bistro Winterhude 184
Deniz Imbiss 60
El Andaluz 132
El Iberico 100
Erika's Eck 74
Feld's Salat 16
Hatari Pfälzer Stube 82
Kleine Pause 54
Küchenfreunde 162
Kumpir König 70
Ky Lan 182
La Monella 156
Maharaja 58
Man Wah 62
Mikawa (Bok) 78
Mr. Kebab 52
Nostalgia 112
Oberhafenkantine 44
Oberstübchen 34
Peacetanbul 90
Reizküche 126
Ribatejo 108
Schmitt Foxy Food 80
Souperia 76
Spießerei 170
Teheran 28
Thai Gourmet 142
Thang Long 166
Zum Spätzle 14

Für Weinkenner
Café Ufer 138
El Iberico 100
Jimmy Elsass 148
König 106
Krug 56
Magris 130
Ponton op'n Bulln 118
Ribatejo 108
Uhlenhorster Weinstube 178

Frühstück
Café de zmarten Panter 88
Café Leonar 164
Café Ufer 138
Erika's Eck 74
Feld's Salat 16
Kleine Pause 54
König 106
Mar y Sol 104
Ribatejo 108

Mittagstisch
A Varina 38
Al Volo 136
Alsterperle 180
Atelier F 20
Azeitona 84
Befried 64
Bistro Due 128
Bock Treffpunkt Imbiss 30
Brooklyn Burger Bar 22
Bullerei Deli 72
Buschmann's Croque & Crêpes 144
Café de zmarten Panter 88
Café Katelbach 114
Café Leonar 164
Café Ufer 138
Corfu Grill 152
Curry Queen 42
Das Bistro Winterhude 184
Deniz Imbiss 60

Die Pizzeria 124
Dos Amigos 12
El Chanti Deli 134
Erika's Eck 74
Feld's Salat 16
Hatari Pfälzer Stube 82
Kajüte S. B. 12 120
Kleine Pause 54
König 106
Küchenfreunde 162
Kumpir König 70
Ky Lan 182
La Locanda 18
La Monella 156
La Serenissima 176
Luigi's 36
Magris 130
Maharaja 58
Man Wah 62
Mar y Sol 104
Marend 86
Mehl 94
Mikawa (Bok) 78
Mr. Kebab 52
Oberhafenkantine 44
Oberstübchen (am Wochenende) 34
O-Ren Ishii 24
Peacetanbul 90
Pizza al Taglio Via Vai 96
Ponton op'n Bulln 118
Quan Do 26
Reizküche 126
Ribatejo 108
Schmitt Foxy Food 80
Scotty's Ottensen 102
Slim Jims 50
So Na Mu 168
Souperia 76
Spießerei 170
Teheran 28
Thai Gourmet 142
Thang Long 166
Ti Breizh 40
Vapiano 158
Veddeler Fischgaststätte 46
Zum Spätzle 14

Sitzplätze im Freien
Al Volo 136
Alsterperle 180
Atelier F 20
Azeitona 84
Bistro Due 128
Bock Treffpunkt Imbiss 30
Brooklyn Burger Bar 22
Bullerei Deli 72
Buschmann's Croque & Crêpes 144
Café de zmarten Panter 88
Café Katelbach 114
Café Leonar 164
Café Ufer 138
Christos 146
Corfu Grill 152
Cuore Mio 110
Das Bistro Winterhude 184
Deniz Imbiss 60
Die Pizzeria 124
Dos Amigos 12
El Andaluz 132
El Chanti Deli 134
Feld's Salat 16
Hatari Pfälzer Stube 82
Hopi 140
Jimmy Elsass 148
Kajüte S. B. 12 120
Kleine Pause 54
König 106
Küchenfreunde 162
Kumpir König 70
Ky Lan 182
La Locanda 18
La Monella 156
La Serenissima 176
Luigi's 36
Magris 130
Maharaja 58
Mar y Sol 104
Mareas 150
Marend 86
Mehl 94
Mikawa (Bok) 78
Mr. Kebab 52
Nostalgia 112
Oberhafenkantine 44
Oberstübchen 34
O-Ren Ishii 24
Peacetanbul 90
Ponton op'n Bulln 118
Reizküche 126
Ribatejo 108
Sagners 174
Schmitt Foxy Food 80
Scotty's Ottensen 102
Slim Jims 50
Spießerei 170
Taverna Sotiris 98
Teheran 28
Thai Gourmet 142
Thang Long 166
The Bird 66
Ti Breizh 40
Uhlenhorster Weinstube 178
Vapiano 158
Veddeler Fischgaststätte 46

Bildnachweis/Impressum

Autorin und Verlag bedanken sich bei den in dieses Buch aufgenommenen Restaurants für die freundliche Unterstützung und die gute Zusammenarbeit.

Bildnachweis
Foto der Autorin: © Sebastian Isacu
Michael Zapf, Hamburg: S. 13, 27, 29, 35, 37, 39, 45, 47, 51, 53, 55, 57, 59, 63, 67, 71, 85, 89, 91, 99, 109, 113, 119, 121, 127, 129, 131, 137, 139, 141, 145, 147, 151, 153, 161, 165, 167, 169, 171, 177, 183, 185
S. 23 Brooklyn Burger Bar: © Eric Anders
S. 61 Deniz Imbiss: © Nina Klein
S. 107 König: © Romanus Fuhrmann
S. 117 Restaurant FuH: © NH
S. 179 Uhlenhorster Weinstube: © www.hamburg-gastronomie.de

Die übrigen Fotos wurden uns freundlicherweise von den beschriebenen Restaurants zur Verfügung gestellt.

Bibliografische Information der Deutschen Nationalbibliothek
Die Deutsche Nationalbibliothek verzeichnet diese Publikation in der Deutschen Nationalbibliografie; detaillierte bibliografische Daten sind im Internet über http://dnb.d-nb.de abrufbar.

ISBN 978-3-8319-0583-6

Text: Nina Klein, Hamburg
Lektorat: Annette Krüger, Hamburg
Redaktion: Sophia B. Molter und Sophie Torp, Hamburg
Gestaltung: BrücknerAping Büro für Gestaltung GbR, Bremen
Gesamtherstellung: Offizin Andersen Nexö Leipzig GmbH, Zwenkau

www.ellert-richter.de